JUGANDO A SER FAMOSO

CooLife

Jugando a ser famoso

Ediciones Temas de Hoy, sello editorial de Editorial Planeta, S. A.
Avda. Diagonal, 662-664, 08034 Barcelona
www.temasdehoy.es
www.planetadelibros.com

Diseño de la cubierta: Departamento de Arte y Diseño,
Área Editorial Grupo Planeta
Imágenes de cubierta e interior: © Rocío Delgado

Primera edición: abril de 2016
ISBN: 978-84-9998-526-8
Depósito legal: B. 4.714-2016
Preimpresion: Safekat, S. L.
Impresión: Black Print
Printed in Spain - Impreso en España

El papel utilizado para la impresión de este libro es cien por cien libre de cloro y está calificado como papel ecológico.

Para todas las señoras y señoras con pene

PLSFMCELPH

Si no trabajas por tus sueños,
alguien te contratará para que trabajes por los suyos.

Steve Jobs

ÍNDICE

PRÓLOGO

¿Se puede jugar a ser famoso? En el mundo de los videojuegos puedes ser cualquier cosa, puedes estar en cualquier lugar y, por supuesto, puedes llegar a alcanzar la fama. Pero no deja de ser un juego, un juego donde yo, Jacky, vivo día a día y gracias al cual he alcanzado celebridad. Quizá no soy el más famoso, pero esto es como la vida real: los hay más o menos famosos, y eso no implica talento. Ya me entiendes...

Este libro podría haberlo escrito el típico niño popular de tu colegio de cuando eras pequeño; quizá tú eras aquel niño, y ahora ¡mírate! Seguramente dejaste de jugar. Pues YouTube es un gran, grandísimo, colegio donde juega todo el mundo que quiere. Allí es más complicado triunfar, y, como en cualquier colegio, existen multitudes de grupos y formas de pasarlo bien; todo el mundo tiene su espacio en ese gran mundo.

En este libro te enseñaré a librarte de nosotros, y también a ser uno de los nuestros. Encontrarás diferentes reflexiones y cosas sin sentido, experiencias únicas que hacen a este loco ser 'famoso' en este divertido mundo. Y cuando abandonas este mundo es cuando te das cuenta de que todo es mentira: lo que haces dentro del juego se queda dentro del juego, y en contadas ocasiones saldrás al mundo real como jugador.

Esta es una de esas grandes ocasiones: el mundo real tendrá una parte de este jugador y de su propio juego.

Te veo dentro. Te invito a jugar a ser famoso.

NORMAS DE USO

Este libro es un sencillo juego. La primera advertencia es que no es necesario pasarse todos los niveles para completarlo, tan solo supera los que de verdad tengas ganas de jugar. Cada nivel —cada capítulo— es diferente de otro, por lo tanto, te obligo a pasar las páginas de todos aquellos que no estén a la altura de tu habilidad.

Encontrarás niveles de **reflexión** y **anécdotas personales**, niveles **interactivos** y **divertidos,** páginas **en blanco** y alguna que otra **mentira** que estoy seguro de que te sacará una **sonrisa.**

No temas, las normas son fáciles:

▶ No lavar, por muy sucio que parezca el libro en determinados puntos.

▶ No quemar, aunque te lo pida en alguna de las páginas (nunca se sabe).

- No revender; nadie tiene la culpa de tu error a la hora de comprarlo.
- No leer al revés. (Léelo de manera diferente).
- No usar como arma arrojadiza: puede ser letal.
- Leer el último nivel solo si estás preparado para ello.

Espero que después de pasarte este libro ***tryhardeando*** como solo los bronzas sabemos hacerlo 👍👍, nos conozcamos mucho más que antes. Al menos, ya no pensarás que mi locura es solo fruto de tu imaginación: cuando hayas terminado tendrás pruebas de ello. Pero no me reportes, no sirve para nada, ya sabes que soy inmune; señor Tryndamere me protege.

Dicho esto,

¡¡¡Espero que te lo pases increíble con este juego y que eso sea lo primero!!!

-START-

CRÉDITOS Y DESACREDITACIONES

Casi siempre los créditos de los juegos y películas salen al final, cuando a **nadie** le importa, cuando **nadie** los lee, cuando a **nadie** le interesa saber lo que hay oculto, el trabajo que hay detrás y todas las personas que han hecho posible ese producto que se ha consumido con más o menos gusto.

(Estoy seguro de que esto lo leeré dentro de muchos años y seguiré estando de acuerdo).

A mis padres, Vicenta y Ricardo, por ser los directores de mi vida, los que han imaginado mi triunfo sin que yo me lo planteara siquiera, por dirigir con mano dura para que todo saliera perfecto.

A mi hermana Patri, por ser mi compañera de trabajo, mi socia.

A mis abuelos, Paco, Carmen, Nati y Vicente, por ser los productores de mis sueños, por financiar mis ilusiones y cuidarme sin que yo me diese cuenta.

A Rouz, mi compañera de viaje y asistente personal. Sé que mi vida no sería lo mismo sin su presencia, su perfección y su habilidad para hacerme feliz.

A mis compañeros de reparto:

- Nexxuz
- Josemi
- Folagor
- Cyclo
- Sharkness
- Zarcort
- Chincheto77
- Winghaven
- Zellen
- BarbaKahn

A Flipin, un fiel amigo y *coach*, por enseñarme a no rendirme y luchar siempre.

A todos los **bronzas,** por ser los mejores extras de esta obra; han llegado a convertirse en protagonistas. Sin vuestra ayuda esto no sería tan bello [hoy no tengo bocadillos].

Desacreditaciones

A PG, por vender mi confianza junto a sus ordenadores.

A GS, por ser un nefasto «vestuario»: hay cosas en la vida que no se pueden vender ni comprar.

A DM, por su falta de conocimiento, cuando se le contrató **por** y **para** eso.

A LP, por eliminar a la competencia de manera desleal, por romper sueños, por vender humo.

A DR, por su fama, esa que le ha consumido.

A LD, por arriesgar cuando no había riesgo; no por robar una idea eres un genio.

A W, por ser uno de esos puestos que sobran en un reparto: eres un personaje malo y barato.

¿QUÉ ACABAS DE HACER?

¡Ay, Dios mío!, quiero decir, espera... ¿Qué acabas de hacer?

Ahora mismo nos estamos engañando el uno al otro, eso es una realidad, aunque, bueno..., dicen que si una mentira se repite adecuadamente muchas veces, al final se convierte en una verdad, y aún quedan muchas páginas hasta el final.

Y bueno, **¿a quién vamos a engañar?** Seguramente no seas un lector frecuente de libros, pero yo tampoco soy un buen escritor. De hecho, no creo que sea ni un escritor mediocre, simplemente la palabra «escritor» me queda muy grande y me da vértigo. Digamos que soy el autor de este libro, pero, mira..., con esto, al final, los dos hemos dado un paso importante:

Yo, personalmente, me lo he tomado como un reto, plasmar en palabras todo lo que pienso, reflexionar, e intentar que te quedes hasta el final de este libro es una tarea muy compleja. Pero es que a mí me gustan los retos, esos duelos a muerte que acabarán antes conmigo que con el botín, pero que te convencen de que es ahí cuando aprendes, amigo, cuando caes dándolo todo, cuando sabes que has sido el mejor y te han superado las circunstancias. En realidad, para mí siempre ha estado presente esto de querer plasmar el mundo en letras. Dura existencia la de un poeta, ¿ves? He tenido muchos fracasos en mi vida, pero nunca he perdido la esperanza. Es como un juego fatigoso, como el Dark Soul o el Bloodborne: solo te lo pasarás si mueres una y mil veces intentándolo. Y aprendiendo..., aunque de estos fracasos hablaremos más adelante.

Ahora, hablemos de ti. No te escapas.

Seguramente, al conocer la existencia de este libro te hayas acercado a tu librería más cercana a comprarlo, o también es posible que acabes de descubrir que tenías una justo al lado de tu casa. **¡Perfecto!** Por primera vez has entrado en un lugar de esos, y...

¡HOSTIAS!
¡Si hay un montón de libros interesantes!
¡Pero si no es una sucia y polvorienta biblioteca de los años setenta, de esas que salen en las películas y dan miedo!

Hay desde novelas de terror, de fantasía o históricas, a libros de autoayuda que te [engañan... digo] enseñan a encontrar la felicidad. Cuentos para niños pequeños, un género que actualmente está rigurosamente relacionado con los libros de *youtubers.* También está ese gran Libro de los Récords con curiosidades, alguno de cuyos capítulos seguramente te habrás parado a leer, incluso cómics, libros de famosos, de cocina..., y libros absurdos, como este.

¿Qué acabas de hacer? Acabas de abrir tu mundo a uno nuevo que, si eres inteligente, seguirás explorando, ya que es en este donde los sueños de verdad se cumplen. Es en los libros donde se cuentan las historias que ilusionan y envuelven. Un buen libro es como un buen juego, con temáticas diferentes entre las que puedes escoger. A lo mejor te fascinan con historia o sin historia, muy largos o muy cortos e intensos, solo con cinemáticas o dibujos e interactivos, en los que cada una de tus acciones puede cambiar el final. Como ves, está bastante ligado al mundo de los videojuegos. Además, se respira un aire distinto, llámalo magia, llámalo dios, llámalo energía..., pero algo hay.

¡Ay..., ¿qué acabas de hacer?, hijo de mi alma... Has metido la pata hasta el fondo!

Y bueno..., si eres una persona que suele leer libros y tiene experiencia en este arte, entonces, entonces, sí que no sé qué estás haciendo...

El buen lector es el que hace el libro bueno.
RALPH W. EMERSON

$

ANTES DE EMPEZAR

¿GASTO O INVERSIÓN?

Odio a la gente que no arriesga...

¡¿Qué se han creído esos tipos?!
¡¿Que todo se consigue por la vía fácil?!

YouTube no es fácil; a veces es, incluso, frustrante, hasta para los que actualmente están arriba y parece que no hayan tenido ningún problema en su vida como *youtubers*. Como si todo hubiera sido subir vídeos y ¡¡pum, pum!!: dinero, fama, juegos, viajes, dinero y dinero.

¿He dicho lo del dinero?

Ahí radica el problema de muchos, en el dinero.

El dinero es el lastre de cualquier *youtuber* que quiera empezar en esto por esa misma razón (por el dinero). Nadie en su sano juicio entraría en este mundo por la pasta, ya que, si invirtieras el mismo tiempo que vas a emplear en convertirte en *youtuber* en otra cosa, te aseguro que ganarías más, perderías menos y quizá no arriesgarías nada.

Vale que hay ejemplos claros de *youtubers* que no se gastaron nada y llegaron alto, con una *cam* y una cosa buena que decir. Y claro que es fundamental que tengas algo que aportar al mundo de YouTube; si no, la gente no te vería. Pero odio a esos tipos que empiezan un canal y deciden que no se compran un micro decente hasta que no ganen suficiente para costeárselo... **¡¡LOS ODIO!!** Y no es cuestión de no tener fondos (que también, en algunos casos, es posible); es más bien el miedo a perder ese dinero porque quizá esto de subir vídeos no es lo suyo. Empezamos bien...

Cuando empecé en YouTube, tenía claro que había que aportar buena calidad, además de un buen contenido.

¿Qué digo bueno?
Ya no tiene que ser bueno...
¡Tiene que ser buenísimo!

Cuando yo empecé, había mucha gente haciendo cosas increíbles, y no bastaba con hacer algo bien: había que destacar. Y ahí llegué yo, con mis escasos ahorros, a comprarme una capturadora para consola. La mejor. A día de hoy ya tengo claro que no solo era la mejor en su gama, también lo era para almacenar polvo en el cajón: no la utilicé más de tres veces.

Lamentable...

Luego tuve que conseguir dinero para comprarme una cámara de vídeo. ¿¿Qué es un *youtuber* sin cámara de vídeo?? **¡¡NADA!!** O eso es lo que creía yo por esos entonces.

Así que me metí a hacer un trabajito de pintor artístico en una persiana de un local, por **300 €,** lo que valía la cámara, y créeme cuando te digo que no tenía ni puta idea de lo que estaba haciendo. El caso es que me puse a ello, y no quedó tan mal; quizá tenía un don y no me había dado cuenta. Total, que me compré la ansiada cámara del demonio después de semanas de curro y gracias a un suplemento de cincuenta euros que me dejó mi gran amigo Jacobo, al que aún se los debo...

Ya tenía cámara y capturadora (de polvo). ¿Qué más me hacía falta?

¡Un micro!
¡Un buen micro!

Aquí tuve suerte... Mi sueño de ser una estrella del hip hop me había llevado a comprarme un arsenal de cosas para mezclar y grabar audio, además de ese iMac 27 pulgadas que me condenó a trabajar un año con mi padre de gratis; recuerdo con odio aquel año, pero todo por cumplir un sueño que no sabía si iba a funcionar, aunque desde luego conocía perfectamente cuánto valía: a esas alturas de la película me había gastado más de **6.000 €** en material para mi canal de YouTube.

Sin embargo, aún faltaba algo... ¿El qué?, te preguntarás...

Pues me faltaba lo más importante de todo: un detalle con el que aún no había contado y que es fundamental para cualquier *youtuber:*

hacerme el canal...

Aunque nada cambie, si yo cambio, todo cambia.
Honoré de Balzac

- cámara de vide
- micrófono
- actitud

ANTES DE YOUTUBE
ESA DIVERTIDA ÉPOCA

Yo pensaba que ganar visitas en YouTube estaba chupado, y gran parte de culpa de este pensamiento absurdo la tiene el primer vídeo que subí a esta plataforma. A los dos días había alcanzado el millón de visitas, se convirtió en un viral de verdad, y eso que era el verano de 2009, cuando aún poca gente se dedicaba a subir contenido.

Era un vídeo con *copyright*, una mezcla entre una canción famosa y una película «ñoña», también bastante conocida. Di justo en el blanco: combiné los ingredientes perfectamente para que aquello llegase a mucha gente. A día de hoy no hay ningún vídeo en mi canal que supere los casi tres millones de visitas que ya tiene aquel. ¡Qué cosas tiene la vida, eh?

En muchos casos el vídeo fue usado para estados de Facebook; yo veía cómo amigos y amigas míos lo compartían con novios y novias sin tener ni idea de que yo era el verdadero autor. De hecho, muchas veces lo usaba para trolear, y le cambiaba el título para que en los estados apareciese la frase:

«Ricardo es el puto amo»

Era gracioso, ¿vale? ¡LO ERA! (gracioso, no el puto amo... Más bien era imbécil).

Tan grande fue el *boom* del vídeo que hoy todavía un montón de personas cree que esa es, en realidad, la banda sonora oficial de la película y que la canción se llama tal y como yo la titulé, no con su nombre real. Mucha gente resubió mi vídeo —¡¡¡y cuando digo «mucha», digo «mucha»!!!—. Hasta se hicieron *covers* a piano. Era absurdo. ¡Tenía más suscriptores que Willyrex y elrubius juntos!

Visto desde la perspectiva actual, claramente me he equivocado, ¿no?

¡Tenía que haber seguido mi carrera como *youtuber*...!

No tuve visión de futuro, tampoco tenía las ideas muy claras y era un niño. Me alegro de haberme tomado mi tiempo para madurar como persona, ver la vida de mil modos diferentes y cuando ya había logrado ese objetivo, decidir qué hacer. ¿Sabes por qué?... Eso es algo que nunca he tenido muy claro, pero persiguiendo mis metas, grandes o pequeñas, he llegado adonde he llegado. Ya ves tú, la vida es muy caprichosa y cuando se alía con el tiempo es determinante y estricta.

Antes de empezar en YouTube o en cualquier otra cosa tienes que tener claro cuáles son tus metas, mira lo que hay alrededor y descúbrete probando. Quizá halles alguna cualidad tuya que desconocías. No sigas modas, ya que no todo el mundo sirve para lo mismo: ni yo puedo ser futbolista ni tú puedes volar. ¿O sí?

No, no puedes volar, no lo intentes, ¡joder!

Ya me estás desviando del tema... Lo que quiero decir es que te arriesgues a hacer lo que te gusta y se te da bien, aunque no sea la moda del momento, porque puede ser que algún día eso que haces tú se convierta en una «nueva moda», y entonces tú habrás estado ahí desde el día 1, de modo que disfrutarás de su evolución y serás un experto reconocido, y quizá luego hasta publicarás un libro hablando de ello y esta tontería terminará en un bucle sin fin donde todos somos felices y comemos perdices.

¡Suena bien!

P. D.: Procura que lo que quieras hacer en un futuro sea legal. Este punto es muy importante.

Un viaje de miles de kilómetros debe comenzar por un solo paso.

LAO-TSÉ

8

NACE COOLIFEGAME
(6 DE NOVIEMBRE DE 2012)

Ahí estaba yo, delante del PC, durante horas y horas, pensando qué poner en ese cuadrito que decía

Youtube.com/ _____

Pensé varios nombres, pero ninguno me convencía; de hecho, ni me acuerdo de muchos de ellos... Yo quería:

- un nombre en inglés,
- que sonara bien,
- que, a ser posible, uniera el final de la primera palabra con la segunda (algo que me traería problemas en un futuro).

Después de mucho probar di con la palabra *cool*. Me gustaba bastante, por aquella época no estaba tan de moda como ahora y me parecía algo que podría pegar con mi canal: *cool*, fresco, molón, chulo, bonito e interesante. ¡Todo lo relacionado con *cool* era genial!

Luego me puse a pensar en la segunda palabra, que tendría que empezar por «l» a ser posible. Pensé en *live,* de «directo» o de «vivo». Tenía mucho que ver con el mundillo en el que me metía, pero el significado no terminaba de convencerme; era como si algo molón viviera, en plan... «La vida de un "guay"» o algo así. Entonces caí en *life.* CooLife: «Vida guay». Era como que el guay no era yo, sino la vida que rodeaba a este canal; algo que a día de hoy se mantiene, porque la diversión es fundamental en este medio, ¡es una vida guay!

I feel like living a cool life

Era perfecto, y por eso al final me quedé con **CooLife-Game,** porque CooLife estaba registrado. Aunque no recuerdo la razón por la que puse *game* y no *gamer* —antes se llevaba mucho lo de *gamer*—; supongo que fue por no copiar a todos mis compañeros «super-*gamers*». Sí, te soy sincero..., fue por eso. Por eso y porque, además, no me considero *gamer;* soy más bien aficionado a los videojuegos y me gusta tomármelos como lo que son: simples juegos de vídeo. Yo creo que mucha gente ha contribuido a que esa base fundamental vaya degenerando hasta convertirlos en algo que solo genera competitividad y mal rollo. Muchas veces nos olvidamos de los jugadores que, como yo, quizá no sabemos jugar tan bien o no dedicamos tanto tiempo al asunto y solo pretendemos pasar un buen rato entreteniéndonos, evadiéndonos por un momento de todo lo que hay fuera, sin problemas, sin necesidad de añadir otros nuevos malos rollos.

De aquí nace CooLife, de la idea de tomarse los juegos como juegos y de la convicción de que, si no ganas, al menos has pasado un buen momento intentándolo. No se trata de que por no ser muy bueno pretendas perder, algo que mucha gente cree —como si a los que juegan a bajo nivel les gustara perder...—. Eso es mentira, ya que a nadie le gusta perder. Pero lo que sí puedes es hacer más divertida tu derrota y aprender de tus fallos.

El nombre de un canal es muy importante; queda para siempre, como un tatuaje. Hoy, mucha gente se ve obligada a mantener sus canales con nombres que han dejado de gustarles, que ya no quieren pero que se han convertido sin remedio en sus nombres oficiales en Internet y por los que todo el mundo les recordará.

Tú haz como yo: ahora que puedes, piensa un nombre chulo, fácil de recordar, ingenioso. Hay miles de maneras de enfocarlo, ponte en la piel de un *youtuber* de millones de suscriptores, imagina que te llaman así todo el rato o por la megafonía de algún evento. Piensa cómo te vas a sentir cuando salga tu nombre en el periódico o en la tele, no te cortes. Tú piénsalo de este modo: si tu canal triunfa, tienes que estar cómodo con tu nombre porque lo vas a escuchar hasta en la sopa, y si no te gusta o te avergüenzas..., vas a tener un **gran problema.** Y NO queremos problemas, **¿verdad?**

Si quieres ser grande, piensa en grande.

Quizá, el camino más directo para conquistar la fama sea el afirmar con seguridad y pertinencia y, por cuantos modos sea posible, el haberla conquistado.

GIACOMO LEOPARDI

JUGANDO A SER FAMOSO

SI NO JUEGAS, PIERDES

Muchas veces, a nosotros los *youtubers* nos consideran famosos, y puede que lo seamos, pero solo para un sector nuevo y, por cierto, muy selecto, que está en constante evolución gracias a Internet. Es como si yo llamo famoso al mejor jugador de petanca de mi barrio: famoso es, claro que es famoso, pero solo en mi barrio, y ni siquiera creo que todo mi barrio lo conozca; solo aquellos a los que les interesa la petanca. Pero, te caiga bien o mal, lo conoces. Pues esto es más o menos lo mismo: nosotros somos famosos en Internet para la gente que le gusta lo que hacemos y que, en general, frecuenta YouTube.

Que no te engañen las cifras millonarias que aparecen junto a la palabra «seguidores» o «suscriptores»; yo he visto a *youtubers* de cinco millones de suscriptores andando tan tranquilos por ahí, sin que nadie se diese cuenta de lo famosos que son. Cualquier persona de la televisión con esa cantidad de seguidores sería acosada por la calle sin remedio.

Quizá no seamos famosos al fin y al cabo... Famosa es la persona que es conocida aunque no sepas nada de ella, aunque lo que hace no vaya contigo. Son esos tíos y tías que conoces porque sí, es que no tienes otra..., estás condenado a tener a una serie de personas en tu vida a la fuerza. Ellos sí que son famosos; nosotros, los *youtubers*, solo estamos jugando a serlo, y algunos somos jugadores profesionales, estamos envueltos en un mundo personalizado por nosotros mismos, un mundo donde nosotros decidimos las reglas y, sobre todo, en el que jugar lo es todo:

Si no juegas, pierdes.

El título del libro viene a resumir un poco todo esto. En alguna parte de estas páginas, soy una persona que está en este mundo de juegos e Internet. Cuento mis trucos en YouTube, mis experiencias y locuras, pero es como si yo voy a una librería y veo un libro de pesca... Está casi agotado, se ve que el escritor es un pescador famoso, el mejor de todos, se le conoce en todo el mundo por su habilidad con la caña, ¡y este libro es su obra maestra! Y ya ves..., yo no lo conozco de nada, si lo viese delante de mí no sabría identificarlo. ¿Entendéis lo que digo?

Considero que todo esto que me está pasando es parte de un juego en el que yo soy el protagonista, yo decido mis pasos y tomo mis propias decisiones, y estas cambian en tiempo real el transcurso de mi vida, transformándola, a veces, en una locura sin explicación.

Quizá el día que deje de subir vídeos nadie se acuerde más de mí, o quizá no; es posible que me haya quedado el tiempo suficiente para dejar marca o tal vez se me reconozca por otra cosa diferente, nunca se sabe. Pero lo que sí sé es lo que tengo que hacer, cuál es mi propósito con este juego, cuál es mi final deseado y si quiero ser héroe o villano. Todo está en mi mano, este es mi juego, mi mente... Y aquí, ¡mucho cuidado, que soy famoso!

Bienvenidos a mi imaginación.

Alcanzarás buena reputación esforzándote en ser lo que quieres parecer.

Sócrates

LA UNIÓN HACE LA FUERZA

Las mejores cosas de este mundo han sido creadas por la unión de varias personas talentosas. Es muy posible que solo uno se lleve los honores al final, pero, créeme: si hubiese estado él solo, no habría llegado a ser lo que es ahora. Steve Jobs es un claro caso: nadie puede negar que era un genio, pero sin la ayuda de su equipo no habría dado a luz a la manzana más famosa del mundo.

Muchos se niegan a trabajar en equipo por simple desconfianza: no quieren dejar a otros su trabajo por miedo a que el resultado final no sea el que ellos quieren. Son necios. Delegar es importante cuando quieres hacer algo grande, ya que tú no podrás con todo.

Piensa que esto es algo material: cuanto más pese tu proyecto, más personas necesitarás para aguantarlo.

Hace unos años, Cristiano Ronaldo ya era un buen jugador, pero no el que es ahora mismo; no era de los mejores del mundo, y la razón fundamental era, precisamente, la desconfianza en su equipo. Como no pasaba la pelota, cometía muchos errores. No confiaba en sus compañeros y quería jugar él solo. Cuando aprendió a confiar y a ser un jugador de equipo dio el paso definitivo para convertirse, posiblemente, en una leyenda del fútbol.

Pues casos como este hay muchos; de hecho, podría hablarte de mi propia experiencia. Desde que Rouz llegó a mi vida, mi canal evolucionó... Vosotros veis el resultado de los vídeos, pero detrás de ellos no estoy solo yo; Rouz se encarga de muchos apartados gráficos, como las miniaturas, algo que cambió mi contenido de manera brutal.

A ver..., no quiero decir que ahora, de repente, te pongas a trabajar con un montón de gente para conseguir tus objetivos, no se trata de eso; lo que intento contarte es que, a veces, la unión hace la **fuerza,** sobre todo en YouTube.

Te estarás preguntando a qué viene todo este tocho sobre la unión y el compañerismo... Bien, quería tratar este tema para hablar sobre las colaboraciones entre *youtubers,* y a partir de ahí me enrollé pensando en todo esto. Hay gente que lo ve bien, hay gente que lo ve mal y hay gente que lo ve mal y bien según la colaboración, porque uno de los puntos negativos de estos trabajos conjuntos es que el resultado no nos guste por uno de los integrantes, lo cual crea muchas veces conflicto. Por ello no es nada recomendable que dediques tu canal a meras colaboraciones; te invito a que trabajes solo y a que únicamente de vez en cuando colabores con un amigo.

Mucha gente cae en el error de hacer vídeos conjuntos por vergüenza, pensando que así conseguirá mejor aceptación, cuando la realidad es que ese camino no suele conducir a nada. Quizá copian el estilo de vídeos de «grandes» *youtubers,* pero es un error fatal, y por eso te doy este pequeño consejo:

«No dependas de nadie para hacer tu contenido. Eso es un suicidio».

Olvídate también de tener un canal conjunto como principal; tampoco lleva a ningún lado: las cosas se hacen desde una base firme, desde uno mismo; si no, la casa se derrumba.

...

—Pero Jacky, primero nos cuentas que es fundamental unirse y hacer piña para conseguir cosas grandes y ahora dices que no, que seamos solitarios... ¿En qué quedamos?

Lo que quiero decir es que es fundamental unirse con otra gente, pero también es importantísimo no basar tu contenido solo en eso, hasta el punto de depender de terceras personas para realizarlo. De hecho, colaborar con otro *youtuber* de tu misma rama en alguna ocasión es un gran acierto, ya que mucha gente te conocerá gracias a él y viceversa.

Este tema da para muchas páginas y abarca muchísimos campos, pero espero que haya quedado claro lo que he pretendido explicar: busca personas con diferencias y no con similitudes respecto a lo que tú haces. Ahí nace la fortaleza.

Une tu camino al de otros sin perder tu rumbo. No dejes que otros cambien tu dirección.

El talento gana partidos, pero el trabajo en equipo y la inteligencia ganan campeonatos.

Michael Jordan

DEL REVÉS

¡HOLA, ESTOY AQUÍ ABAJO!
O aquí arriba. ¿Desde dónde me estás leyendo?

Seguramente, si estás leyendo esto habrás tenido que girar el libro o la cabeza. Te recomiendo lo primero para evitar lesiones graves en el cuello. Además, esto va para largo.

Hay veces que las cosas hay que leerlas de otro modo para entenderlas. No obstante, lo de darle la vuelta a este texto ha sido simplemente porque me dio la gana, para demostrarme y demostraros el poder que tengo sobre estas páginas. Quizá muchas personas piensen que alguna de estas palabras no es mía, y puede que tengan razón. En este libro no te puedes fiar de nadie, sospecha de cada coma.

El mundo está del revés, nadie entiende nada, nadie entiende a nadie y nada se entiende con nada, por mucho que a veces te esfuerces en hacerlo. Estamos del revés, con la cabeza en los pies, viendo un mundo invertido y mareándonos al intentar entenderlo. ¡Es horrible! Y creo que esto se debe nada más que a un fallo de percepción; es decir, estamos leyendo mal la vida, las situaciones y a las personas. Lo único que tengo claro es que me agobia pensar que habrá gente que no dará la vuelta a este texto, que se empeñará en leerlo de manera «correcta» y que encima me recriminará el hecho de que esté al revés. Dirán que no se puede leer nada, pero no se dan cuenta de que, en realidad, el problema no es el texto girado, el problema es que piensan que este libro es suyo.

Y no... ¡Es mío! Mi tesoro.
O eso quiero que creáis.

Hay personas que piensan que tu canal les pertenece, que tu vida les corresponde a ellos, que las cosas se hacen como ellos quieren o, de lo contrario, acabarán contigo, ya que ellos son los responsables de que tú estés triunfando en YouTube. Así que, por eso mismo, se niegan rotundamente a dar la vuelta a este texto, porque ellos lo quieren como siempre, sin cambios, si no...: «Has cambiado, tío. Tú antes molabas» o «Estas páginas no son como las del resto del libro..., ¿qué pasó, Jacky, la fama te cambió?».

¡No, la «fama» no me cambió;
eres tú quien mira de forma distinta! — Nach

Luego también habrá gente que comente que el libro tiene un error, que este capítulo está mal, que las páginas están al revés, que me he equivocado yo, la imprenta o quien sea, pero que está mal y que tienes que arreglarlo de inmediato. Aunque sea obvio que está hecho a propósito, ellos pensarán que es un error. Y lo más triste..., ni se lo leerán. Esta gente existe y están entre nosotros, los «anti-ironías», los «creyentes» de tu canal, que son como los fanáticos religiosos: puedes decir una barbaridad, que ellos se la van a creer y luego la defenderán en tu nombre.

Contra este tipo de gente no hay nada que hacer. Lamentablemente, es una batalla perdida, son discos de un solo grabado: una vez se escriben, los datos no pueden ser sustituidos, la única manera de esquivarlos es ignorándolos. Simple.

También están los más extravagantes de todos, esas personas que te dicen que escribas más capítulos del revés, que les encantó la experiencia, que les gustó el capítulo solo por leer el título: ¡¡¿qué más da lo que ponga más abajo?!! (O más arriba). Esta gente que opina sin saber existe, pero qué os voy a contar yo que vosotros no sepáis... Y menos mal que aquí no hay una caja de comentarios, porque, seguro, el comentario más constructivo sería:

—Primer comentario

Vamos, que al final solo queda sentirse orgulloso por ser una persona «normal». Y digo «normal» entre comillas porque eso depende de cómo se interprete la vida. Todos vosotros que estáis leyendo esto, que os encanta que os sorprenda, que os aventuráis conmigo en la selva de mi locura, vosotros que pasáis por cada una de las pruebas que os pongo con sobresaliente y que a veces ni dais señales de vida. No hacéis ruido y sois los que más tendríais que hablar... Tranquilos, yo sé que estáis ahí, y si alguna vez me encontráis en alguna firma de libros, algún evento o por la calle, vamos a ponernos una señal oculta, una clave para reconocernos entra tanta gente:

¡Jacky, yo soy Zabron! ¡MIENTRAS BAILAMOS CON LAS MANOS EN ALTO!

Para ver claro, basta con cambiar la dirección de la mirada.

ANTOINE DE SAINT-EXUPÉRY

POBRES RICOS

Me dijeron que tuviese cuidado con este tema, pero, ¿sabéis que os digo? Me da igual.

Primero vamos a definir la palabra «donación» y a comprobar si está bien utilizada:

«La donación es el acto que consiste en dar fondos u otros bienes materiales, generalmente por razones de caridad».

¿Por qué me da la sensación de que los *youtubers/streamers* usan mal el término «donación»? No hace falta ser un lince para darse cuenta de que donar dinero a alguien que ya vive sobrado de su trabajo es una equivocación porque, precisamente, no necesita de la caridad de nadie.

Hay *youtubers* que hacen vídeos a diario o con mucha frecuencia, pero con el dinero de las visitas no puede llegar a final de mes; ahí es cuando yo veo bien lo de colaborar o, como le gusta a la gente decir con la boca llena, hacer una «donación». Yo he dado dinero a muchos creadores de contenidos para que sigan haciendo eso que hacen, que me entretiene tanto y que por nada del mundo me gustaría que acabase. La realidad es que si no contribuimos y financiamos de alguna manera su producción, al final se acabará. Uno no puede estar eternamente dedicándose a algo que ni siquiera le da para vivir.

Por otro lado, están los *youtubers* con nombre que piden financiación para poder realiza proyectos costosos. Ellos te pueden dar algo a cambio para que estés dentro del proyecto gracias a tu aportación. Sin embargo, eso no es donación, porque esta se hace desinteresadamente y, por lo general, por caridad o necesidad. Así que

¡Basta de llamar donación a algo que en realidad es dar dinero a un rico!

Hay también creadores que ponen donaciones y deciden sortear el dinero entre sus seguidores, pero advierten con total transparencia de que hay gente que no está de acuerdo y se niega a que la más pequeña cantidad se destine a ningún tipo de sorteo; lo que quieren es que, expresamente, sea para el creador y su contenido.

Pues aquí viene la contradicción ante la que no estoy dispuesto a callarme... Muchos gastan lo que recogen de donaciones en comprarse algo no relacionado con el contenido en el que habitualmente trabajan; es decir, es como comprarte un coche con ese dinero de la donación. Por un lado dices que no lo sorteas porque tu público no quiere, pero por otro te lo gastas en cosas que nada tienen que ver con tu actividad. ¿En qué quedamos? ¿No te ha dado por pensar que al igual que hay gente que no quiere que sortees el dinero de las donaciones, también puede haber otros que se opongan a que lo emplees en adquirir cosas que ellos no van a poder disfrutar de ninguna manera?

Quizá ya estoy metiéndome mucho en el tema, pero pienso sinceramente que si alguien dona con consciencia es porque le gusta tu contenido y quiere que sigas trabajando en eso, que vayas mejorando o que inviertas en esa tarea, no en comprarte ropa, porque para eso ya estás ganando del trabajo que realizas creando tus vídeos. Pues sí, con ese dinero eres libre de hacer lo que te dé la gana, pero el de donaciones es sagrado. Es un tema con el que debes tener mucho cuidado.

Es como si yo le dono dinero a Twitter o a Facebook porque me gusta la aplicación. No tiene sentido, ¿o sí? Quizá yo soy el raro aquí...

Se está haciendo rico, diciendo que es pobre.
Mc Hadrian

¡VÁMONOS, PONCHO!
HA LLEGADO EL BIGOTES

La creación de un personaje es uno de los trabajos más complejos de mi canal, creo que idear personajes carismáticos, divertidos e interesantes es muy complicado, y no únicamente en YouTube, ahora que lo pienso: creo que esto sucede en general.

Cuando ves una serie de televisión, entre el elenco de actores que hay, siempre te quedas con uno o dos que son tus favoritos, los privilegiados, los que siempre te hacen pasar un momento entretenido, y continuamente estás deseando que aparezcan en escena. El resto podría considerarse relleno.

Pues algo semejante me pasa a mí, esa es mi difícil situación... No puedes «hacer las cosas por hacer», y menos cuando se trata de algo tan significativo como crear un personaje. Bien es cierto que a veces los personajes nacen solos, desde la comunidad. Los bronzas han dado nombres legendarios para CooLife; «Champy» es un claro ejemplo del que trataremos más adelante, junto a otros.

Hablo de eso, de engendrar a un personaje como si fuera algo tuyo, alguien que tienes que criar y educar como un hijo, alguien que debe tener una personalidad radiante, diferente del resto, y una misión clara: llegar al corazón de la gente, en un campo donde es arduo triunfar.

Poncho fue una personaje complicado de crear, tenía la idea, el campeón y temática, pero no terminaba de tener claro cómo enfocarlo para que fuese especial. Necesitaba con urgencia un nombre, y no un nombre cualquiera, uno de pueblo, gracioso, pegadizo, fácil de recordar. Esto se llama de una manera: misión imposible.

Pasaron los meses, y con el personaje casi preparado para su lanzamiento, no conseguía terminarlo, faltaba algo fundamental. Fue entonces cuando un *youtuber* gran amigo mío dijo:

¡Vámonos, Poncho!

Ahí lo tenía... Zellen me había dado la clave, la guinda del pastel, lo que coronaría mi pequeña obra maestra. Como veis, no todas las ideas nacen exclusivamente de una sola mente. De hecho, todo lo que nos rodea, amigos, familiares, suscriptores e incluso lo que vemos en televisión, películas, vídeos, los libros que caen en nuestras manos o cualquier otra cosa puede inspirarte para encontrar el tema de un vídeo o ayudarte a terminarlo con éxito. Incluso es posible que este pequeño capítulo haya cumplido su función satisfactoriamente: **somos lo que somos gracias a lo que tenemos a nuestro alrededor** y gracias también a nuestra personalidad individual. Grabaos esto a fuego.

Y así se forjó la leyenda de este curioso personaje, tan querido por la gente. Y es que no es para menos, pues se trata de alguien con muchas posibilidades. Siempre que grabo con él me lo paso fantásticamente bien y eso se nota. Tanto con él como con su primo Ponchi, el luchador de bronce, y toda su peculiar familia.

Ten claro que lo que envuelve a un personaje lo hace todavía, si cabe, mejor. Aunque, claro está, antes hay que forjar el núcleo, una base solida para que al construir sobre ello no se derrumbe por falta de solidez. Así que, ya sabes, intenta que lo que hagas tenga un laborioso trabajo detrás; si construyes personajes sin valor ni ganas, nadie los tomará en cuenta y no conseguirás eso que en mi caso es el premio a todo el esfuerzo, la recompensa definitiva, lo que de verdad tratas de conseguir al crearlos: cambiar su nombre «oficial».

Ahora es Poncho; su nombre oficial ha quedado en el olvido.

El corazón es el músculo más fuerte.
PONCHO

LO NOTO

Lo noto, aunque tú me lo niegues. Noto que cada día se tatúa tu nombre en mi corazón, sé que nunca volverá a latir como late ahora mismo y desde el día que te conocí.

Mucha gente pregunta cómo te conocí. Se piensan que somos primos, hermanos, amigos e incluso novios, pero somos más que todo eso: somos uno, un gran monstruo de dos cabezas. Parece que alguien te creó para estar a mi lado y yo no pienso llevarle la contraria a ese ente tan poderoso capaz de crear algo tan bonito.

Desde que vi aquel FAV (cuando existían) en Twitter, mi vida empezó a cambiar. Por algo tan pequeño mi vida se encaminó a un rumbo increíble. De hecho, el día que te conocí es y será el mejor día de mi vida, aunque no me he dado cuenta hasta ahora, después de todo.

Eres magia hecha persona, haces trucos increíbles e imposibles de explicar, tienes el fuego necesario para que ninguna noche sea oscura, y no lo digo yo, lo dice todo el mundo que se acerca a conocerte. Faltan personas con tu corazón y por eso un día decidí ser todo para ti, ya que no me quiero perder ninguno de tus matices.

Has estado trabajando en cada uno de los dibujos e ilustraciones de este libro, pero de este capítulo, si me lo permites, me encargaré yo. Supongo que te leerás el libro sabiéndote ya cada uno de los capítulos, no te pillará por sorpresa nada, es posible también que tardes en leértelo porque... ¡ya te los conoces! Pero el día que lo hagas verás que hay algo que no te resulta familiar, algo escondido entre tanta tontería sin importancia: estas palabras serán nuevas para ti y cuando lo estés leyendo, ahora mismo, **quiero decirte que te quiero.**

Sé que todo lo que empieza termina, pero noto que esto no habría empezado si tuviese intención de terminar. Eso sí que lo noto.

LA IDEA

Las ideas no valen nada; vale la gente que las tiene y, a veces, ni eso.

Mucha gente se piensa que tener una idea es lo más valioso de todo, que sin una idea buena no se forma algo increíble y que... Bueno..., que tú puedes trabajar duro y ser el mejor, pero si no tienes ideas no llegarás a nada. Eso no es del todo cierto.

El tiempo me ha enseñado que lo bueno de una idea es llevarla a cabo, sacarle partido, hacerla funcionar con éxito. Hay gente que tiene ideas pero no sabe elaborarlas y, al revés, otros que no tienen ese don para las ideas increíbles, pero que trabajando logran la mejor. Al final, lo único que queda claro es que

si eres una persona con ideas, vales y mucho.

¿Y qué hago cuando tenga una buena idea?

Es muy probable que alguien en este preciso momento esté trabajando para sacar adelante esa idea que tú ya tienes en mente. No te miento: habrá más de uno, de hecho, e incluso con más dinero que tú. Por eso tienes que hacerlo rápido y mejor que el otro. Hay veces que el dinero no es esencial: con poco dinero, algunos proyectos superan en calidad a grandes producciones económicas. A día de hoy no puedes inventar nada, eso tenlo claro. Si crees firmemente que tu idea es buena, trabaja duro o cédesela a un grupo de trabajo que sepa hacerlo. Une tu esfuerzo al de esas otras personas que creen en tu idea y desarróllala con humildad. No te creas mejor que los demás por haber tenido la idea principal; piensa que sin ellos tu proyecto no saldría adelante.

¿Nunca te ha ocurrido eso de pensar algo, dejarlo pasar y, al tiempo, darte cuenta de que alguien ha triunfado con tu propia idea? Es en ese preciso momento cuando te activas y te lamentas por no haber hecho nada cuando podías. Incluso afirmas su propiedad y sostienes que se han copiado de ti (sin sentido).

Muchas de las cosas que hoy en día son esenciales en nuestra vida las creó alguien con la idea de otro; se puede ser un genio inventando o también robando. Aunque en realidad, esto no es más que una manera de hablar, claro... Y es que, como bien dije antes, lo único que vale es exprimir una idea, venga de donde venga, y en ese proceso hay gente que está en diferentes bandos o en ambos a la vez.

¿Tú de qué bando eres?

La idea no vale nada. Messi me copió la idea de ser el mejor jugador del mundo.
La tuve antes, en el cole.
RISTO MEJIDE

PERSONALIDAD

Oye, una pregunta: ¿nunca os pasó eso de denominar a una habilidad o a un personaje de algún juego de manera diferente a como lo hacen los demás?

Seguro que sí. Los *gamers* solemos hacer esto a menudo con nuestros juegos preferidos. Yo, además, soy el típico que le cambia el nombre a todo para dotarlo de **personalidad,** para que mis amigos y yo tengamos nuestro propio lenguaje en el juego y seamos los únicos privilegiados capaces de reírse al emplear estos nombres nuestros. Bueno, pues resulta que yo, a día de hoy, tengo cientos de miles de amigos repartidos por todas partes en el mundo, un mundo que, gracias a los videojuegos, se une, y entre nosotros tenemos este lenguaje propio al que antes hice mención.

Como bien os expliqué con Poncho, cambiar el nombre a un personaje para bautizarlo con otro que únicamente nuestros amigos y nosotros conocemos es una manera de hacer comunidad y de otorgar personalidad propia no solo al juego sino también a nuestra manera de jugarlo, claro.

A veces, el nuevo nombre puede estar relacionado con una habilidad o una acción determinada, que es propia del personaje con el que jugamos. Por ejemplo, si grito

¡¡ESPARTACO!!

no me equivoco si digo que en vuestras cabezas suena mi voz a ritmo de látigo, sabéis lo que representa y entendéis perfectamente de quién se trata. Este personaje trae este peculiar nombre por una acción que sucede en una serie de televisión que veo habitualmente y que me encanta. A muchos de vosotros seguro que os suena..., y también os sonará el actor que está relacionado con esta mítica frase que da nombre a este campeón tan legendario en el canal.

Amador usaba su cinturón a modo de látigo, al grito de:

¡¡Espartaco, Espartaco, Espartaco!!

Así que yo, posteriormente, lo trasladé al juego de forma instintiva, ya que suelo jugar con un campeón que posee un látigo como arma, y cada vez que golpeaba a algún enemigo salía solo el grito de **¡ESPARTACO!**

Poco a poco nació este personaje de cuya presencia en el canal estoy tan orgulloso, y junto a él surgió toda su familia de poderosos guerreros. La **Familia Espartaco** es, a día de hoy, la más poderosa dentro de mi propia historia o «Lore».

También suelo usar «Espartaco» con otros campeones que nada tienen que ver con lo anterior; sobre todo cuando cargo alguna habilidad de varios segundos. En ese momento en que puedes acabar con tu rival, **ahí,** en forma de grito de batalla final suele escaparse un «Espartaco» a modo de **¡finish him!**

Veamos ahora otros casos famosos de personalidad por habilidad, aunque en este caso no se trata de cambiar el nombre al campeón.

Si os digo:

¡COPASO!

también os saltarán a la cabeza esos momentos divertidos con el señor Mundo.

Mundo llevar copa como arma,
porque Mundo ser campeón del Mundo, Mundo.

Lo curioso de este caso es que es una *skin,* es decir, un aspecto alternativo al campeón, que se le dio por ser popular y decisivo en la victoria de TPA en los Mundiales de la Season 2; a este personaje, que suele llevar un hacha, se le dio la Copa del Mundo, que, al golpearla, suena a Metal. Eso es muy divertido, había que ponerle un nombre y nació solo.

Desde entonces, todos los años se crean nuevas *skins* de los Mundiales y casi siempre hay uno con la Copa del Mundo como arma que suena a Metal, y se le añade el seudónimo de «Copaso».

Pues de esto quería tratar el capítulo, del poder que tenemos para crear nuestro propio mundo dentro de un juego, con nuestros amigos. Seguro que os lo pasáis genial llamando a los campeones de manera personal o, como los designamos en el canal, «El chino ciego», «Gerardo», «Velcro», «El negrito», «El tejón hijo de satanás»... En fin, no tiene límites, ¡no os pongáis límites!

El capítulo acabar cuando Mundo quiera.
MUNDO MUNDO.

ESTAMOS EN EL AIRE

—Deberíamos estar ya en directo. ¿Se me lee ya?

Voy a comprobar que las letras estén bien puestas y tengan el tamaño correcto [...]. Vale, perfecto ¡estamos en directo!

Todo bien Jacky. ¡Saluda a Argentina!

Bienvenidas, señoras y señoras con pene a este nuevo directo, donde trataremos en tiempo real un problema que viene afectando a la moral *gamer*, pero que, si vive es por esta misma. No tiene lógica, ¿verdad?

**¡Jacky, ¿para cuándo más bronzas?
Saludos desde LAN!**

Pronto, amigo Miguelon03; necesito algún clip más para tenerlo listo. Pero ahora dejadme decir lo que tengo que decir y luego contesto preguntas...

Jacky... ¡Joputa!

Como decía, en este mundo de las emisiones en directo hay un terrible problema. Antes, en los videojuegos por Internet, solo dominaban Hombres, los denominados «frikis» sin amigos verdaderos, y aunque eso ha cambiado de forma radical y ahora es más normal ver a Mujeres jugando y haciendo *stream,* hay veces que nos sorprendemos aún más: ahora son terriblemente guapas. Eso era impensable hace unos años; las chicas guapas no tocaban el ordenador.

Jacky es una mujer. Kappa.

Yo me alegro de que el mundo haya cambiado, y ahora esté todo más normalizado: ni unos tan frikis ni otras tan antiordenador.

Pero el problema es cuando se usa el cuerpo de una mujer para ganar seguidores y visitas. Yo he llegado a ver *streams* de actrices porno desnudas, con el juego más pequeño que la *webcam,* algo que ya han prohibido las principales plataformas. También he visto chicas con escote hasta el ombligo. Pero lo que desde luego no he visto es alguna que tenga alguna noción del juego que tienen entre manos. Vamos, que no tienen ni puta idea, hablando mal y pronto.

Son chicas que solo por el simple hecho de ser chicas y estar buenas van a tener visitas, cientos de miles de visitas. Eso lo saben y por eso les da igual, como si tienen que hacer malabares o dedicarse al parchís: juegan a esto porque aún nos sorprendemos cuando vemos a una chica, y habría que normalizarlo. Se aprovechan de esto y nosotros lo permitimos.

Incluso hay chicas que hasta ponen donaciones, y el premio para el que más done al mes es una cita con la *streamer* de turno. También, a veces, se habilita un mensaje con las donaciones para que la gente le pida que enseñe las tetas o cosas por el estilo.

Y yo me pregunto:

¿Cómo es posible que una chica, tan solo con el tutorial, tenga más *viewers* que un jugador profesional?

Lo raro atrae a la gente por inercia. Si queremos que esto cambie, tenemos que empezar cambiando nosotros, y no sorprendernos si una chica hace *stream* o graba vídeos, porque eso perjudica tanto a las chicas en general como a la gente con verdadero talento en esto.

HI, MY NAME IS...

Internet es un mundo muy interesante, cada día que paso en él me sorprendo más y más. ¿Y cómo no lo voy a hacer?... Aquí cada uno vive como le da la gana, hay algunos que hasta tienen una vida paralela. ¡¡Fascinante!!

Yo, lejos de elegir un nombre por el que todo el mundo me conocería en un futuro, lo decidí un poco por accidente: «Jacky». ¿Por qué Jacky?

¿Te llamas Jack como el pirata?

¿Como el lobo mazado de *Crepúsculo?*

¿Como un gran amigo tuyo? ¿Jacobo?

No, nada de eso, me llamo Ricardo Corazón de León y vengo a defender Inglaterra.

¡Naaaa!, Ricardo García, muy típico. Y, encima, Jacky es un nombre de mujer derivado de Jacqueline. Entonces,

¡¡¡¿¿¿qué coño pasa, Jacky, Ricardo o como quieras que te llames???!!! ¡EXPLÍCALO!

Tranquilos, amigos, todo tiene una explicación más o menos lógica.

«Jacky» viene de Jack, más concretamente de JackDaniels, y no lo elegí porque el whisky sea una bebida que me guste o yo sea un borracho, no... Todo viene de una broma y de un juego de nombres entre mis amigos y yo. En una ocasión, decidimos ponernos cada uno el nombre de una bebida alcohólica. Después, me acostumbré y lo dejé estar en «Jack» —el otro era muy largo—, pero como «Jack» es un nombre muy popular, nunca conseguía ponerlo en ningún juego. Entonces busqué derivados de Jack, y el que más me gustó fue «Jacky». Luego me puse un 78 detrás del nombre, ya que es uno de mis números favoritos; muchos piensan que es el año en que nací. Me resulta extraño que, al verme, piensen que de verdad tengo esa edad. Supongo que es un cumplido, o no... De hecho, me puse **Jacky78** porque «Jacky» a secas ya estaba cogido. La persona que tenía «Jacky» en el LOL es un inglés que, harto de que gente desconocida le mande solicitudes de amistad, pensando que soy yo, buscó el foro español y pidió, ¡¡¡por favor!!!, que no le agregaran más, puesto que no era **el verdadero** Jacky. Es gracioso, ¿no?

Ahora, por la red, por todos los juegos, circulan los nombres de Jacky, CooLife, Jacky78, xJacky... Muchos piensan que soy yo, pero estoy seguro de que pocos conocen mi *nick* oficial, un *nick* que me puse a propósito y que a todo el mundo se le olvidó, menos a mi productor de música Tarraga, que recordará siempre aquella peculiar denominación con un significado muy básico, pero molón: aquel nombre era **Cinek,** que a mí me parece muy bueno, la verdad. Viene de un término de la física que estudia determinado tipo de movimiento: el movimiento cinético.

Con ese apodo saqué hasta un disco de música que Dios quiera que nunca escuchéis, sería demasiado vergonzoso para mí. También tuve mi etapa de grafitero i/legal e incluso me presenté con él a alguna batalla de gallos de la zona, donde me enfrenté a los mejores MC de España, actualmente amigos míos. Por cierto, que uno de ellos, seguro que muy conocido por todos vosotros si os gusta la movida esta, es Arkano; el cabronazo me ganó una batalla diciéndome:

«Eres CNK (siglas de Cinek) porque Comes Nabos Kalientes»

Y me llamó Andrés Calamaro, ya que por aquella época tenía yo una mata ochentera en la cabeza... ¡¡¡Qué mamón!!! Aún hoy, cuando me ve, se refiere al episodio y se sorprende de acordarse todavía. Fue una buena rima...

(Actualmente Arkano es el mejor Freestyler del mundo).

En fin, son cosas que jamás habrías sabido de mí, ¿verdad? Para los que os preguntéis si están grabadas esas batallas, debo decir que sí, aunque ya no están disponibles (desconozco la razón), pero mejor, que daba mucha pena..., las batallas no eran lo mío.

Bueno, ahora, y desde hace unos años, hasta mis padres me llaman «Jacky». Mi antigua vida, en la que era Ricky, Richard, Ric o —como me llamaba mi abuela— Ricardín, todo eso, parece haber desaparecido, y ahora, en vez de tener mil nombres derivados de Ricardo, malo para rimas, tengo los derivados de mi nuevo apodo, «Jacky»:

Yaki
Shaki
Jackie
Jack
El CooLife
CooLifegamer
Cool
Coolman
Culolife
Yaqui

... Seguido de un **JOPUTA.** Pero el que mejor me representa es:

El rey Bronza

MÓVIL

No uso el móvil. Sí, es difícil de oír, pero tenía que decirlo. ¿¿Cómo es posible que en pleno siglo XXI una persona que, además, trabaja en Internet no use el móvil??

Ni Twitter, ni Facebook, ni Instagram, ni Whatsapp, ni Vine, ni, ni, ni, ni... La lista es infinita, pero es que yo no le veo utilidad al 95 % de esas aplicaciones. Bien es cierto que hay juegos entretenidos, juegos circunstanciales, la típica aplicación que abres en un trayecto de metro, de coche o de *jet* privado y que cierras nada más llegar a tu destino, cuando ya vuelves a la normalidad.

PERO ES QUE HAY GENTE, por llamarlo de alguna manera, que no vuelve a la normalidad, que sigue haciendo su vida entre aplicaciones y se olvida de todo lo demás, incomodando a todos los que están a su alrededor. Internet en el móvil ha acabado con la poca vida social que teníamos, y esa es una de las razones por las que no uso apenas el móvil: ¡¡¡sé que caería en la TENTACIÓN que mencioné anteriormente!!!

Me acuerdo de cuando mi padre se compró uno de los primeros iPhone que venían con el Whatsapp incorporado; él y yo comentábamos siempre lo inútil que nos parecía esa aplicación ya que, para hablar con alguien, ese alguien tenía que tener otro iPhone. Era ridículo... Hasta que llegó esa temible compañía telefónica que regalaba teléfonos con Internet y ofrecía una tarifa de conexión muy barata. Eso fue el principio del final. No le quiero dedicar más tiempo a esto, me niego.

¡Adiós vida social; nos vemos en Twitter!

PREJUICIOS *GAMER/YOUTUBER*

Vale que soy blanquito de piel, pero, de ahí a que no salgo de casa y que solo soy un *friki* que come hamburguesas y bebe Coca-Cola, hay un trecho.

Para empezar, soy blanquito de piel no porque me falte playa —que también—, sino simplemente porque me gusta ser así. Aunque a la gente le cueste entenderlo, no todo el mundo quiere ser moreno. Pero ese es otro tema... Ahora vamos con eso que no debería existir, ni aquí, en este mundo, ni en ningún otro: los prejuicios.

Cada vez que le intento explicar a alguien lo que se hace en un evento *gamer,* lo primero que me sueltan en la mayoría de casos es «¡Ah, que eres un *friki!!*».

¡NO, NO SOY UN *FRIKI!*

Es más, si lo fuese, no tendría ningún problema en decírtelo, y bien orgulloso... No creo que sea para nada malo.

Pero ocurre que no todos los que disfrutamos con los videojuegos o subimos vídeos a Internet somos unos *frikis*. ES MÁS, repito: yo no me considero ni un 10% *gamer*, comparado con la mayoría de mis compañeros y amigos. Ya solo por el simple hecho de subir vídeos a YouTube se supone que eres un viciado de la hostia, además de *friki*, claro; pero yo te hablo de la gente que es *friki* y *gamer*.

No olvidemos que también hay prejuicios entre nosotros: si no subo un juego a YouTube no quiere decir que no lo juegue, y tampoco hay que dar por sentado que yo estoy todo el día pensando en jugar al LOL. De hecho, hay muchísima gente que juega mucho más que yo...

Hay mucho malpensar, mucho desprecio en este sector. Yo, de hecho, me muevo por ambientes poco aceptados, como podría ser la música Rap. La TV/Radio nos vende lo que ellos quieren para su propio beneficio, somos números, cifras que suben y bajan en un monitor, nos colocan lo que no necesitamos. Por eso, la gente, cada vez que ve a alguien que juega a videojuegos o acude a eventos disfrazado de Naruto, ya solo por eso lo considera una persona rara. Pues eso es culpa de la *tele* y de los prejuicios en general, una mezcla explosiva que acabará con la paciencia de muchos. Siempre que sale un *youtuber* en la televisión lo tachan de millonario vago, llevan la noticia hacia un lado totalmente distorsionado de la realidad, dando a entender que somos millonarios haciendo una cosa que cualquiera podría hacer, niños que ni estudiamos ni trabajamos. La gente se indigna muchas veces cuando ve que te has gastado el dinero en comprarte algo..., que si «la del *partner*» y tonterías varias..., te obligan a dar explicaciones, y no tiene ningún sentido; nosotros trabajamos igual o más que otros, ganamos el dinero que producimos, como tanta gente, lo único que nos diferencia del resto es que hemos trabajado solos en esto para que funcione.

No tengas prejuicios con nadie, es un consejo... Llegará el día en el que tú pierdas algo porque alguien los tiene contigo.

Los prejuicios son la razón de los tontos.
VOLTAIRE

SILENCIO, SE RUEDA

Una historia debe tener un comienzo, una parte central y un desenlace, pero no necesariamente en ese orden; quizá esta frase sería el final ideal para esta historia, una historia que puedes empezar a grabar por donde quieras, pero que necesariamente tendrá esos tres momentos esenciales.

Hay gente que se olvida del final o incluso del principio, y no debería ser así. Yo, por ejemplo, empiezo siempre a grabar por la mitad, porque **sin mitad no hay historia,** y luego ya me las ingenio para darle un comienzo épico y un final inesperado. Vale..., es mentira... Lo más probable es que le ponga un comienzo gracioso y un final digno de película de amor, predecible.

O no, quién sabe...

A lo mejor me da por incluir el principio y el final dentro de la mitad. A ver si nos aclaramos... A la hora de grabar un famoso *gameplay*, por ejemplo, ahí no hay guion (o no debería), ahí narras lo que vas viendo en tiempo real y lo que salga ha salido. Hay que tener un don especial para hacer este tipo de vídeos. Yo, por ejemplo, soy un desastre: me gusta más grabarlo todo en *off*, con paciencia y margen de error. Soy un cobarde. (Aunque en estos últimos tiempos estoy perfeccionando mi narrativa en directo, es uno de mis retos personales).

Pero en los *gameplays* también existen los principios: un saludo, una explicación breve de la parte central de la historia, un «En capítulos anteriores...». Incluso hasta un clip de la mitad de tu historia puede ser un comienzo.

Ya veis..., hay multitud de estructuras. Cada uno elige la suya y es totalmente válida para contar una buena historia.

Pero ahora entramos en el terreno pantanoso: hay mucha gente haciendo historias, ¿por qué son más vistas unas que otras? Creo que esta pregunta es muy compleja de responder, los caminos de YouTube son inexcrutables, nunca sabes por dónde va a salir tu vídeo, pero sí voy a dar mi opinión, según mi experiencia.

¿Qué dices?

A la hora de grabar, tienes que tener algo que decir, pero no es lo más importante ni lo más complicado. En los últimos tiempos, hablar de algo interesante es hasta fácil, solo tienes que estar al tanto del mundo loco en que vivimos. Muchas veces vuestros propios seguidores dan los temas para contar algo sobre ellos. Esto es fundamental, pero no es la clave del éxito.

¿Cómo lo dices?

Aquí es donde radica el éxito de mucha gente, en la forma de decir las cosas. Hay muchos más triunfando por el «cómo» que por el «qué». De hecho, puede que el «qué» no sea muy bueno, pero tú tienes la capacidad de hacerlo divertido e interesante. Más aún, puedes llegar al punto de que lo importante seas tú y no tanto lo que tienes que decir. Esto es sinónimo de éxito total. ¿Tienes una personalidad única? Pues no sé qué haces aquí perdiendo el tiempo; pilla tu webcam de cinco euros y empieza a contar al mundo quién eres.

La calidad de grabación también es, en mi parecer, bastante importante, aunque ya os digo que a mí la experiencia me ha demostrado lo contrario. No obstante, una cosa no quita la otra: si no tienes una calidad mínima a la hora de grabar, a menos que seas una persona que busca polémica, la gente desaparecerá de tu vídeo sin llegar a ver lo verdaderamente talentoso que eres. Y es una pena, ya que muchos, de verdad, no se pueden permitir una buena calidad.

Tú haz lo que puedas. A veces el silencio es más fuerte que el ruido; a veces, sin decir ni una palabra, puedes establecer una conversación. Todo depende de ti. En mi caso, el silencio es una virtud.

¡¡Hostia!! Si he estado hablando contigo un buen rato y no hemos abierto la boca, a menos que leas en voz alta. ¡Qué vergüenza! ¡Baja la voz, chic@, que esto es personal!

¡Basta de silencio! Esto lo tienes que leer en voz alta, si no... ¡tres años de microcortes en tu Internet!

¡SOY EL PUTO AMO!

SOCYA
HELLO

GABINETE DE PUBLI Y MARKT

Puede que esto, a simple vista, parezca lo más fácil, pero muchas veces lo que se ve más fácil es lo más complicado: la publicidad de tus vídeos viene contigo, crece contigo y pocas veces nos damos cuenta de lo importante que es. Probablemente te equivoques si piensas que los vídeos los van a ver tus suscriptores nada más darle al botón de publicar... No es del todo así, amigo mío.

Como bien dije antes, los vídeos y toda la ambientación crecen juntos, pero si te preocupas de grabarlos con más calidad, de editarlos mejor, preocúpate también de que lleguen a la gente de manera más fácil, **la gente lo quiere todo mascado.**

Empecemos por el principio, hablando de cuando aún no habías subido tu primer vídeo, cuando la publicidad de tu canal era inexistente.

—Vale, Jacky, ¿qué pasaba ahí?

¿Cómo conseguimos que la gente vea los vídeos que publicamos si nadie nos conoce todavía? Puedo *spamear* a mis amigos, pero tampoco tengo tantos y, además, me da algo de vergüenza.

Pues en este caso lo único que funciona es un buen vídeo, es decir, tu vídeo tiene que ser lo suficientemente bueno como para llevar la publicidad integrada en él; tienes que conseguir que quien lo vea lo pase a sus amigos, y estos a sus otros amigos. El boca a boca es lo más fuerte de YouTube, todos los grandes han pasado y siguen pasando por ello, sin esto no hay triunfo: tus vídeos tienen que ser «carne de compartir»; cuanto más se compartan, más triunfarás.

Es fácil y complicado a la vez... Si hay algo bonito en esto de los vídeos es que nos encanta compartirlos; si tú ves un vídeo gracioso, te gusta pasárselo a tus amigos para que se rían contigo, esto es algo que todos hacemos, desconozco la razón, pero todo el mundo actúa así, y nosotros no somos diferentes al resto.

Pero está bien hacer un repaso de lo que nosotros buscamos en un vídeo, analizar, por ejemplo, dónde nos gustaría que nos recordaran cuando se sube **un vídeo:** este es el siguiente punto.

Redes sociales y aplicaciones

Las redes sociales no sirven de mucho para promocionar tus vídeos, ya que solo un porcentaje mínimo de personas lo verán con este sistema; aun así, no dejan de ser muy importantes porque, unidas al célebre boca a boca, consiguen que los contenidos se hagan muy fuertes. Redes como Facebook o Twitter son parte de la vida de muchos; si tú pones un **post en Facebook o un tuit en Twitter,** mucha gente se acordará o se enterará de que has subido un vídeo.

Por eso yo trato siempre de que este «anuncio» sea lo más vistoso posible, con un breve resumen de lo que van a encontrarse al ver el vídeo y una foto-miniatura del mismo. Cuanto más se comparta, obviamente más promoción tendrán tus contenidos, algo que va ligado a su calidad viral, que muchas veces no estará reñida con la calidad técnica, aunque eso ya es otro tema.

Ahora vamos a la publicidad en YouTube...

La miniatura, el título, la descripción, los *tags* son elementos muy importantes para tu vídeo y una excelente oportunidad de promoción. Curra la miniatura, no engañes con el título y haz que todo sea impactante; es de suma importancia. Incluye en la descripción cualquier cosa que la gente quiera buscar mientras está viendo tu vídeo: si das una información que no se corresponde con la realidad, lo único que conseguirás es que la gente deje de verlo a los pocos segundos y eso no te beneficia. Tendrás más visitas, pero son falsas: serán visitas por equivocación... Igual no parece importante, pero sí lo es. Recuerda: de una miniatura puede depender el éxito de tu vídeo, así que ¡mucho ojo!

Y para finalizar, tenemos la publicidad de pago, esa publicidad de YouTube, Facebook o Twitter que hace llegar hasta la gente tus contenidos de forma más directa; ya sabes, solo pagando. Pero no olvides que es posible conseguir el mismo resultado sin recurrir al dinero... Si tu vídeo se viraliza, no recomiendo la opción de gastar ni un euro, a menos que necesites verdaderamente que se vea, confías en que es muy bueno y vas en busca de una oportunidad. Desde luego, es legal y nadie te puede decir nada por esto, está en tu mano, pero antes preocúpate de los puntos anteriores.

Luego, si quieres, paga, pero hazme caso, ¡que yo de esto controlo, chaval!

Al final va a parecer que para que la gente vea tu contenido no se trata solo de darle a un botón... Es la magia de YouTube: nadie sabe el trabajo que hay detrás de cada vídeo, pero tampoco a nadie le importa, lo que de verdad cuenta es el resultado final y lo que transmita.

Y para acabar, me gustaría comentar algo de última hora y que me parece bastante importante dentro de este tema: hablo del horario de los vídeos. Otra manera de dar publicidad a tus vídeos o series es acostumbrando a la gente a una programación fija, como hace la tele. Así sabrán que, si no pasa nada extraño, siempre tendrán un vídeo a su hora, la gente planificará su día con tu vídeo en mente, eso es genial y, si logras hacerlo, tienes mucho camino recorrido.

Concretar una venta es importante,
pero lograr la fidelidad de los clientes es vital.
STAN RAPP

EL MEJOR, EL PRIMERO, EL ÚNICO

Como dice el gran Risto Mejide, hay tres maneras de triunfar en algo; seguramente existan muchas más, pero, si nada raro pasa en tu vida, solo hay tres:

SER EL MEJOR

El mejor es muy difícil, solo hay uno entre todos los que hay luchando por el mismo objetivo; que seas tú ese uno es muy complicado, pero no es inalcanzable. Quédate con esto último.

SER EL PRIMERO

Esto es mucho más complicado que lo anterior: aquí sí que hay uno de verdad ¡y eso es inamovible!: el primero al que se le ocurrió hacer algo o explotarlo (quizá hubo otro antes que él, pero él fue el primero en sacar beneficio).

SER ÚNICO

Aquí es donde arranca cualquier historia realista, siendo único. A menos que, por casualidad, hayas sido el primero en algo, ser único es lo mejor que puedes hacer para escalar puestos hasta el Top 1, donde está el mejor.

Yo empecé siendo único; lo que yo subía nadie lo subía, nadie tenía el valor de hacer humor del LOL por Internet. Hay que ser un valiente, ya que te puede salir bien o muy mal. Sin embargo, yo me arriesgué. Pensé que, si hacía reír a mis amigos mientras jugaba, sería capaz de conseguirlo con mucha más gente. Y ahí empecé, subiendo vídeos absurdos de humor dentro del juego League of Legends. Después empecé a subir parodias, como los «Dos minutos», y raps, que, como bien sabéis, es una de mis grandes aficiones. Pues todos estos vídeos me posicionaron rápidamente entre los mejores (tampoco éramos muchos), a pesar de lo cual, aún había un gran camino hasta el mejor. Era imposible, decían unos. Pero

Imposible is nothing.

Meses después la gente empezó a pedirme más vídeos de dos minutos, pero yo no hice caso y me arriesgué a subir otra cosa. «Suscriptores troll moments» se convirtió en un bombazo, y desde hace más de un año subo todas las semanas las jugadas de mis suscriptores. Es ahí cuando te das cuenta de que lo que te pasa a ti le pasa a todo el mundo, pero quizá tú has aprendido a contarlo de manera entretenida. No soy un mago jugando, soy más bien malo, pero eso no importa a la hora de entretener o hacer humor. Los payasos son torpes y se equivocan mucho, pero son la definición más precisa y clara de **humor.**

Luego continué con «La vida de Bronza», una serie que en el primer capítulo rozó el rechazo del cien por cien. Mucha gente se lanzó a insultar, diciendo que aquello era una basura y animándome a que dejara de hacerlo. Yo, por suerte, no hice caso y colgué otro capítulo. Hasta el día de hoy, en que he subido ya muchos... Bueno, pues la serie es actualmente un gran éxito y de lo más buscado en mi canal. La revolución bronza nació en los corazones de todos aquellos jugadores que, como yo, no somos buenos pero, aun así, lo disfrutamos igual. Somos únicos rompiendo estereotipos y haciendo que nuestra voz sea igual de fuerte que la de jugadores expertos.

Ser único no es difícil, lo difícil es mantenerte único pese a las críticas o comentarios negativos del resto de personas que nunca serán únicas sino, más bien, mediocres.

Y bueno..., siendo único llegué a convertirme, ya desde hace algún tiempo, en **el mejor.** Y lo soy no porque suba **lo mejor** o porque yo como persona sea **el mejor,** eso no tiene nada que ver —para gustos, los colores—; simplemente es que hay un *ranking* que me coloca por encima de todos y, conmigo, a todos los bronzas que han invertido su tiempo en ayudarme y animarme con sus comentarios de apoyo.

No seremos los primeros, pero somos únicos y, ahora,
¡LOS MEJORES!
¡POR LA BRONZA!

Si crees que algo es imposible, tú lo harás imposible.
BRUCE LEE

¿QUÉ QUIERES SER DE PEQUEÑO?

Siempre he querido ser alguien en la vida, pero, ahora que lo pienso, tendría que haber sido más específico.

Odio ser bipolar, es una sensación fantástica.

De pequeño soñaba con ser tantas cosas de mayor que, ahora que me he despertado, solo quiero ser pequeño otra vez, pequeño como cuando mi hermana pedía un caballo de regalo de cumpleaños. ¿Por qué todas las niñas quieren un caballo de pequeñas? Quizá se dieron cuenta de que esa era la única manera de conseguir un gato o un perro de manera exprés: pedir un caballo.

Claro, ¿cómo no se me había ocurrido antes? Nadie quería un caballo, era todo un elaborado plan; al fin y al cabo, para nuestros padres era totalmente *worth it*.

¿Y de dónde sale ese dicho que afirma que todos cuando somos pequeños queremos ser astronautas? Como si fuera el sueño de todo niño... Es mentira, nadie quiere ser astronauta y menos ahora que existe el Minecraft y YouTube. Si por no querer no quieren ni salir de casa, ¿cómo van a ir al espacio? ¿Estamos tontos? Allí no hay Internet... ¿O sí?

En teoría, en el espacio hay una cobertura de la hostia, 4G a máxima velocidad. ¡Si estás al lado del satélite, desde luego que eso tiene que ir a toda hostia! ¡Si desde la Tierra el satélite está a tantísimos kilómetros y para conseguir algo de cobertura con subir el teléfono medio metro hacia el cielo ya funciona...! Quizá ahora los niños quieran ser otra vez astronautas y grabar sus vídeos del Minecraft desde allí.

¡Hey... Buenas a todos, saludos desde el espacio... Soy Astrocraft543 y esto es MINECRAFT EXTREMO!

Malditas pilas, otra vez mi Gameboy dejó de funcionar. Creo que ya he saboteado todas las pilas de mandos y relojes de casa, ahora ¿qué es lo que tengo que hacer para seguir siendo feliz? No te voy a engañar: la felicidad es una distorsión de la realidad; cuando creces, la distorsión va disminuyendo hasta tener una imagen nítida de lo que te rodea. Por eso no quiero dejar de ser pequeño o, al menos, quiero estar toda mi vida jugando a videojuegos, que viene siendo lo mismo.

¡Otra foto, por si acaso!

Esas cámaras de fotos no eran como las de ahora; tú hacías la foto y te la jugabas a que no saliese bien una vez revelada, pero esa sensación de recibir el sobre con las copias no tenía precio... Sí..., todo era más emocionante de pequeño. Hoy, esto de las *selfies* es demasiado aburrido. Antes, lo que de verdad era bueno es que no había Whatsapp, y tus SMS tenías que encriptarlos bien ya que tenías unos caracteres limitados, como el Twitter ahora y no recibías el típico mensaje de «Hola, ¿cómo estás?». Eran cosas necesarias, nada de chorradas: «¡¡¡Dame un toque y bajo!!!».

PERFECTO, CERO DRAMAS

Ahora pagando facturas y antes intercambiando cromos.

¿Quién quiere ser mayor? Nos pasamos toda la adolescencia pensando qué queremos ser de mayores, nos tiramos gran parte de ella estudiando y formándonos para llegar a convertirnos en eso que queremos, pero acabamos trabajando de una cosa totalmente diferente.

Y mientras tanto, tú jugando a los tazos en el colegio, preocupándote de conseguir al Mewtwo exclusivo, ¿no te da vergüenza?

¿Qué quieres ser de pequeño? No te engañes: esta pregunta la contestarás una vez que seas mayor.

CHECKPOINT

Hemos llegado, sí, por fin lo hemos conseguido, chicos, estas dos páginas son las que aproximadamente dividen el libro por la mitad, ¡ya hemos llegado, podemos guardar la partida!

Con más o menos acierto conseguimos los dos llegar a este increíble punto, muchas páginas hemos dejado atrás, muchas historias escritas con sudor y lágrimas, **¡aleluya!** A partir de ahora se pone todo más interesante, los capítulos empiezan a tomar un sinsentido grande, empiezo a contarte cosas que en el fondo no te ayudarán a nada, pero querrás más y más, te convertirás en un adicto de la parte final del libro. Muy seguramente solo quieras leer este libro a partir de esta página por alguna recomendación de un colega cabronazo, y si eres alguien que llegó aquí por sí solo es hora de que te conviertas en el «cabronazo» y digas que la mitad de este libro es una obra de arte o que justo en esta página regalo una *skin* de Riven de campeonato, no sé, tu misión ahora es que alguien se gaste el dinero por leer esto. ¡Uy!, ¿que no te lo dije? No hay *skin* de Riven de campeonato, lo digo por si vienes leyendo esto por el cabronazo de tu amigo que le estaba diciendo lo que tenía que decirte en este preciso momento. Es curioso, acabo de unir varios espacios temporales en una página, soy un genio.

—Hostia, Jacky, frena, que te estás metiendo en un jardín frondoso, ¿a quién vamos a engañar, viseras? Nadie se va a comprar este libro por una mentira. Vuelve a la realidad, por favor.

¿Realidad? Me está hablando un puto libro. (Es muy posible que el libro tome represalias después de esto en un capítulo posterior).

Ahora en serio, fíjate bien en cada una de las páginas, te lo recomiendo. En ellas encontrarás mi locura y parte de la de otro, trepidantes historias, hazañas increíbles de mi perro y un sinfín de palabras profundas que harán de cada capítulo una experiencia única. O no. Quizá te enseño a luchar contra *youtubers* y pongo a parir a mis editoras, las mismas que tienen que corregir este libro... ¡Oh, mierda!

LÉEME, LÉEME, LÉEME
ESTOY AQUÍ

¿He captado tu atención? Bien, perteneces, siendo muy positivo y nada realista, a ese 2% de personas que abrirán este libro al azar para ver por encima qué hay y que por casualidad habran caído en esta página. Ahora que has llegado aquí, no la jodas y sigue leyendo, que es gratis (de momento).

Tengo dos o tres minutos para convencerte de que vayas a caja y compres este libro y créeme que lo voy a conseguir, tú confía en mí, déjate llevar.

He colocado este capítulo justo en esta página número 99 porque es la página donde la mayoría de mis amigos han caído al abrir un libro igual que este al azar. Como ves, me lo he currado bastante, y te voy a decir más, me gustas, creo que nos podríamos llevar muy bien, eres un curioso, una persona que atraída por una portada bonita ha dado su pequeño voto de confianza para conocerme por dentro. Eres un romántico, ¿eh?, y yo voy a ser el primero en darte las gracias por hacerlo: muchas gracias.

Ahora no me dejes mal y cómprate el libro, y no, no te voy a decir de qué va el libro, eso lo tendrás que descubrir tú mismo.

Vale, ya sé lo que estás pensando ahora mismo: «¡Un libro me está hablando y encima me está diciendo que lo compre!». ¿No te parece bonito? (A mí también me ha hablado este libro).

Acabamos de unir nuestras vidas de una manera increíble, no te quejes. Vas a tener una buena anécdota que contar a tus colegas. En el fondo te hago falta, quizá descubras cosas muy interesantes, yo te lo estoy dejando caer. Si al final no te gusto siempre puedes regalarme a cualquier sobrino o primo que tengas pequeño, seguro que a él le encanta y así de paso hago otro amigo. Yo te necesito, tú me necesitas, yo me he currado un capítulo para ti y ahora te toca cumplir, compra este maldito libro. **Es una orden.**

CHAMPY

Ya solo leer el nombre de Champy hace reír: un sapo incontrolable, un monstruo de la jungla que, si no llega a ser por los bronzas, no habría pasado de ahí, de ser un simple sapo al que matar durante las partidas.

Champy es un dios, un ser mágico y carismático que daría el perfil para protagonizar una novela fantástica de princesas y pequeños héroes. Además, tiene una historia oculta detrás, la historia de un sapo insignificante para el mundo que, al comerse una seta mágica envenenada, se convirtió en un gran sapo.

—Pero, Jacky, ¿por qué «Champy»? ¿Cómo nace el nombre de este legendario sapo?

Muchos de vosotros ya lo sabréis... Al poco tiempo de que por fin pusieran a este monstruo en la posición de la

Bruja —que nadie recuerda hoy en día porque no pegaba nada con la estética del mapa—, no tardó en hacerse un hueco entre los suscriptores «troll moments»; muchos fueron los que cayeron bajo el control de Champy y fueron troleados de mil maneras diferentes. Fue así como llegamos a un punto en que había que buscarle un nombre. Uno guapo, molón, pensado: ¡cien por cien *marketing!*

Na..., nada de eso... Todo vino por un *troll* de un foro que salió en uno de mis vídeos; este usuario se llamaba XAMPY y fue baneado por ser muy pesado (incluso ingresó en el foro con el nombre de YPMAX). El caso es que a la gente le hizo mucha gracia y empezaron a llamar XAMPY al sapo de la grieta. Los espectadores impusieron su nombre y, una vez más, yo no tuve nada que hacer ante tal poder. De nuevo, la gente había demostrado que su presencia es necesaria e importantísima, porque son ellos los que consumen tus vídeos y los que saben lo que quieren con certeza. En muchas ocasiones, en más de las que te piensas, muchos se ponen de acuerdo. Al final parece que no somos tan diferentes.

Carácter es poder.

CASILLA DE SALIDA

No nos hemos dado cuenta, el tiempo ha transcurrido tan rápido, tan fugaz, que no nos hemos percatado de lo que aquí pasaba.

Ya no es lo mismo de antes, ya no estás a cuatro metros de mí para todo lo que yo necesite, y para discutir no nos tenemos a mano. Esas charlas de horas que en su momento no eran interesantes ahora han madurado; con el paso del tiempo se fueron haciendo cada vez más pequeñas, hasta este punto en que ya son inexistentes.

Y no nos hemos dado cuenta.

Es como cuando has crecido con tus amigos de la infancia y te da la sensación, veinte años después, de que todo sigue igual, que ninguno de nosotros cambió, que seguimos siendo los mismos críos con las mismas caras de sinvergüenzas, los primeros y únicos sospechosos de cualquier trastada que se producía a nuestro alrededor.

¿En qué momento dejamos de ser esas personas para convertirnos en lo que somos ahora? ¿Cuándo abandoné mi habitación de siempre, mi casilla de salida, mi ***home,*** para aventurarme en un tablero desconocido? ¿Cuándo tiré los dados y por qué no nos hemos dado cuenta de **nada?**

Mi madre, dueña del inicio de mi partida, mantiene mi cuarto tal cual yo lo dejé, nada ha cambiado: mi escritorio, la cama, el cuadro de los primeros ciento cincuenta Pokemon del que cuelgan mis medallas infantiles, ganadas en cursos de natación... Siguen estando ahí para cuando yo vuelva. Mi *home* se ha convertido en un hotel de paso, de cinco estrellas, donde saben bien qué es lo que me hace feliz, qué es lo mejor para mí y donde anteponen mis necesidades a las propias. ¿Por qué cambié todo aquello que tenía por algo desconocido?

Seguro que mi madre sigue preparando mis platos favoritos y mi padre piensa más en mí que yo mismo; seguro que mi hermana y amiga me necesita como el primer día que nos conocimos y seguro que algunas veces le haría falta un consejo sincero que yo ya no puedo darle. Es todo tan complicado...

No me pensé ni un segundo cambiar todo... En cuanto pude, lo hice sin más, sin darme cuenta de lo que estaba a punto de ocurrir. Pensaba que nada tendría por qué ser de otra manera, que yo estaría siempre para lo que necesitaran de mí y que, si algún día me sentía solo y sin fuerzas para continuar lanzando los dados y descubriendo mi futuro en tiempo real, podría volver como el hijo pródigo, aunque eso, en principio, no entraba en mis planes.

Mi madre fue la primera en ayudarme, a pesar de haberme dicho aquello de

«¡Si te vas por esa puerta no vuelves!».

Sé que en parte lo decía para ver si estaba preparado. Quizá no lo estaba, tal vez el miedo estaba mucho más presente, aunque, desde luego, mi ilusión era incomparable. Ella confiaba en mí, sabía que aquello era justamente lo que debía hacer. Después de todo, a día de hoy es ella la que está siempre que la necesito y no al revés, como prometí.

Siento tanto no estar cuando entra al hospital para una operación... Siento tanto no poder contarle mis pequeños éxitos como hacía antes... Echo de menos, incluso, llevar a mi hermana a la universidad y ver que ella tiene lo que a mí me falta —sé que llegará mucho más lejos de lo que yo pueda imaginar—... Incluso siento un vacío enorme cada día, sobre las diez y media de la mañana, la hora en que mi padre y yo tomábamos un bocadillo en el descanso del trabajo. Sí, echo de menos ayudarle, echarle un cable (éramos electricistas). Aunque lo que de verdad añoro es verle levantar cabeza después de cada gran fracaso y cada gran caída. Mi padre tiene una ilusión en los ojos que nunca vi en nadie más. Ya me gustaría a mí tener esa mirada en algún momento de mi vida. Gracias a él sé que no hay duras caídas, gracias a mi familia he conseguido forjar una actitud de ganador.

Los echo tanto de menos... No os lo podéis ni imaginar. No nos hemos dado cuenta, ¿verdad?

Pero no me arrepiento de nada, no volvería atrás en el pasado y no cambiaría nada de lo que hice, pues gracias a que salí de mi casa he sabido lo que es vivir, lo que es trabajar para salir adelante; lo que mis padres han hecho durante años con trabajos diez veces más duros que el mío. Todo esto me ha servido para aprender y para apreciar lo que es la vida y por qué vivimos.

Por eso mismo no me molesta lo que digan de mí por Internet cuatro *pringaos*. Gracias a Madrid y a mi gran salto hacia lo desconocido, estoy con la persona que me completa, la persona que me da las dosis de fuerza diaria que necesito y que, junto a mi familia y mis amigos, lo es todo para mí. Y gracias a aquel paso que di en su día disfruto al máximo de mi vida y de todo lo que ocurre en ella. Y es que en la casilla de salida se está seguro y cómodo, pero solo ganas si llegas al final con más o menos suerte.

No tengas miedo a marcharte; ten miedo a no poder irte y, sobre todo, ten miedo a no poder regresar.

Buenas noches.

Para mi madre, por lo bueno y por lo malo;
por enseñarme que el amor es un regalo.

SHARIF

DESCUBRIMIENTOS

Ayer escribí el que posiblemente sea el capítulo más complicado de este libro. No recordaba lo que era «echar de menos» a alguien, así que, aguantándome las lágrimas en los ojos, redacté cada una de las frases, sintiendo tristeza, apuñalándome en cada palabra, dándome cuenta de lo importantes que son mi familia y mis amigos y de lo poco que tardé en «deshacerme de ellos».

Este libro me está sorprendiendo. Estoy descubriendo un nuevo mapa fantástico, como si en mi vida hubiesen instalado un nuevo DLC. La verdad es que me encanta. Yo siempre he dedicado tiempo a la escritura, todo lo que no sabía transmitir hablando lo hacía escribiendo, y muchas veces este hábito me ha ayudado a sobreponerme. De verdad, siempre ha sido muy importante para mí.

Ayer descubrí lo importante que es recordar, lo importante que es escribir sobre ello, pues al hacerlo se convierte en una forma de pensamiento más detallado y explicativo. Es como ordenar tus ideas en un papel, ya que en la cabeza las tenemos en guerra y a menudo no nos damos cuenta de los pequeños detalles.

Ayer descubrí muchas cosas y hoy me he levantado con otra cara, con nueva motivación, porque sé que estoy haciéndolo bien, que tengo a gente luchando desde lejos para que así siga. Sé que tengo que terminar este libro siendo lo más sincero posible, siendo como soy y no como gustaría que fuese. Tengo que acabar, y hacerlo a lo grande, sin dejarme ningún detalle, ninguna coma.

Ayer me di cuenta de que cada día se descubre algo, pero si no prestas atención al hallazgo, se desvanecerá entre tus manos.

Las cosas existen mientras haya quien que las recuerde.

Jodi Picoult

MUCHO *HYPE*
Y POCAS NUECES

Imaginad que desde páginas atrás os vengo anunciando que este capítulo sería la bomba y, cuando llegáis hasta aquí, no lo es. O no lo es tanto como yo os hice creer. Puede que pierda el interés, aunque de verdad sea un capítulo genial y entretenido. Y es que el exceso de *hype* es una enfermedad del *marketing* de la nueva generación, aunque resulta imprescindible si lo sabes gestionar bien.

¿Qué es exactamente el *hype?*

Hype es una estrategia de *marketing* que se utiliza para enfatizar una cosa, una idea o un producto hasta el punto de conseguir que los individuos sientan la necesidad de consumirlo.

La palabra *hype,* traducida al español, quiere decir 'exagerado'. Efectivamente... viene muy a cuento con lo que representa ese concepto, porque muchas veces el *hype* lo que pretende es sencillamente exagerar la calidad de algo.

Bien es cierto que en ocasiones el *hype* es merecido; cuando te anuncian algo increíble que todo el mundo desea y resulta que una vez que sale a la luz SÍ es lo que esperabas, SÍ era lo que te habían vendido. Pero nunca debes caer en el exceso de *hype,* ya que, repito, puede arruinar tu producto, tu vídeo o lo que sea.

Yo, alguna vez (pocas) he creado *hype* excesivo, pero sin querer..., de verdad que lo hice pensando que eso que iba a sacar era una auténtica PASADA. Y nada de eso, el vídeo estaba bien, pero no era para tanto, lo cual, precisamente, supuso una increíble cantidad de *dislikes* y tuvo como resultado una aceptación malísima. Repito: el vídeo no era malo, pero si yo no hubiese creado tanto *hype* previamente, habría estado bien valorado. Sin embargo, la gente esperaba algo que no era, así que fue un fracaso.

Otras veces es la propia gente la que crea el *hype,* cuando algo se hace viral y todo el mundo empieza a hablar con amigos y allegados, estos con los suyos y, al final de tanto hablar, el *hype* está por las nubes. Pues eso es terriblemente malo para el producto; seguramente la idea inicial se ha transformado en una totalmente distorsionada. ¿Me explico?

Eso no lo puedes evitar, igual que cuando una empresa famosa saca un producto continuador de otro que ha hecho historia, que la gente en su día valoró con un diez y que siguen manteniendo. El *hype* es imparable, la gente quiere algo igual o incluso mejor, y eso pocas veces pasa.

Las segundas partes nunca fueron buenas...

Tu producto continuador será barrido por miles de animales enfurecidos que buscan reencontrarse con su nostalgia en tu nuevo producto.

El *hype* es algo necesario para crear interés, pero tienes que saber controlarlo, ser objetivo, vender sinceramente lo que es tu producto, resaltar los puntos buenos y que la gente tenga las expectativas que realmente corresponden al resultado final que has sacado. Eso es lo perfecto y eso hará que tus vídeos tengan mayor repercusión.

No basta con hacer productos buenos.
Tienes que hacer que la gente
se entere de lo que estás haciendo.
PHIL KNIGHT

LA MAGIA DEL CINE

EDICIÓN

Hay vídeos que son como trucos de magia: están hechos con objetos que cualquiera tenemos por casa, que usamos a diario, pero al final todos acabamos con la boca abierta.

¿Cómo hizo eso? ¡Magia!

En el fondo, todos sabemos que es mentira, que es parte de algún truco visual o mecánico del mago, una ilusión. Pero de eso se trata... En eso consiste la edición, en ilusionar a la gente, en sorprender, en agarrar algo que todo el mundo tiene y usarlo como nunca nadie lo hizo, mirar donde todo el mundo mira y ver lo que nadie más ve.

Cada vez que me siento delante del ordenador para darle forma a alguno de mis vídeos siento que soy un pequeño mago, y no os hablo de edición dura de horas y horas de trabajo, no; hay trucos sencillos que sorprenden mucho más que otros bien elaborados. Por ejemplo, en las series como «Suscriptores troll moments» o «La vida de Bronza» solo hay edición, son simples recopilaciones de jugadas a partir de todas las que mis suscriptores me mandan. De hecho, yo estoy haciendo algo que vosotros también podríais hacer, ya que cuento con el mismo material y tan solo la edición personal nos diferencia.

Cada uno tiene su forma particular de editar un vídeo. Hay muchísimas formas de hacerlo y muchísimos estilos. Quizá yo cuento con la ventaja —o la desventaja— de que, cuando empecé, muy poca gente editaba de la forma en que yo lo hago, yo adapté un estilo personal, inspirado en mi propia demanda: hacía lo que yo mismo quería ver y no encontraba. A partir de ahí, y con el paso del tiempo, se fue forjando mi estilo de edición.

Muchos me preguntan si no tengo miedo a que me copien. La palabra copiar es fea. Que alguien que ha copiado tu idea triunfe o se lucre no es bonito, pero a mí no me importa... Y no es que no me importe que me copien, al contrario, me cabrea mucho que lo hagan, pero para hacer lo que yo hago se necesitan años de trabajo y poca gente está dispuesta a emplearlos. Sería una gilipollez dedicar tanto tiempo a un proyecto o una idea de otra persona, ¿no? ¿Qué mejor que dedicar ese tiempo a algo que sea tu marca de identidad, algo que te defina, que no sea un «te copias de...»?

Ojalá lleguen nuevas personas con ese don de editar; yo, por lo menos, estaría supercontento de poder ver nuevo contenido, aunque no sea precisamente del juego que yo practico. No son pocas las veces que, gracias a la edición o los comentarios de un *youtuber,* me he decidido a ver vídeos de juegos a los que ni juego ni, con total seguridad, jugaré.

Y es ahora donde entramos en la pregunta:

¿Edito o no edito?

Y otra:

¿Es realmente necesario editar para triunfar en este mundo?

La respuesta es NO.

No es necesario que dediques tiempo a la edición si no quieres o no puedes; es posible que no poseas el don de la imaginación, que no te guste editar o cualquier otra cosa; yo lo hago porque me gusta. YouTube es una gran cocina donde los platos que más se consumen son los rápidos: comida rápida a cien por segundo, toneles y toneles de hidratos de carbono. Pero en mi cocina se hace un menú más elaborado. ¿SON MEJORES MIS PLATOS? No tiene por qué ser así; son, simplemente, diferentes, con más fondo. Quizá no es una cocina de lujo, porque también pienso que YouTube no está destinada a un material tan, tan profesional, y yo creo que vivo y trabajo en el límite que divide lo profesional del simple «grabo y subo».

Volviendo al tema..., si pasas de editar, procura que tu grabación tenga el peso fuerte del vídeo, pero si tienes el tiempo y las ganas necesarias para vestir a tus vídeos de otra manera, hazlo. Sé que a veces puede ser frustrante que la gente no valore el esfuerzo, pero, créeme, gente como yo lo agradecerá y tú mismo te sentirás especial. De verdad, SIGUE CREYÉNDOME, repito... eso, hoy en día, es muy importante.

¡Nexxuz..., un saludo desde aquí, bribón!

Por último, me gustaría añadir eso de que un mago nunca revela sus trucos. Para toda esa gente que me pregunta cómo edito, solo diré una cosa: con el programa Final Cut. Lo demás es parte del truco y no tendría gracia que te explicara eso, ¿verdad? O quizá sí...

Pero un código es un código, y hoy me siento como un pequeño aprendiz de mago.

¡¡Capitulus interruptus (ZAS)!!

¿Te has imaginado efectos especiales en ese ZAS? ¡¡Dime que sí!!

RÍETE CONMIGO
DE MÍ

«Que cese el drama», dijo el emperador Bronza mientras moría después de comerse la pared con un destello.

Es todo parte del show.

Hemos llegado a un punto en que este libro parece el manual del *youtuber* perfecto cuando la realidad es que yo soy lo más imperfecto que existe. Nadie es perfecto por eso nadie gusta a todo el mundo.

Vamos a hablar de reír, vamos a reírnos mientras hablamos de reír. ¿Y cómo se habla de reír? No sé, hemos venido a divertirnos aunque me estoy perdiendo entre tanta risa, no sé vosotros.

¿Sabes? Cuando tú te ríes no hay peligro. ¿Quién se ríe cuando hay algo que amenaza tu vida? **¡Nadie! Joder,** piénsalo... Cuando te rías estarás más cerca de la vida que de la muerte y eso mola. Y no hablo de morirse de risa. Nosotros no somos personas peligrosas, la gente se puede reír de nosotros y eso es bueno, ya que nosotros también podremos reírnos de ellos, ¡es genial! De hecho, pienso que el amor es el poder de reírse juntos. ¿Cuándo has visto a una pareja quererse seria? Los alemanes no cuentan, parecen seres enfadados con el mundo, pero en el fondo, ellos son felices. Además, esa gente no es de fiar —los que se quieren serios, no los alemanes—.

Ya me lo dijo mi abuela: «Un tonto puede hacer reír a cientos si le das lugar y tiempo», y estamos en un lugar llamado YouTube con un tiempo desmesurado por delante.

Pero tampoco te vayas a reír de todo, ¿eh?, que porque esto sea un capítulo dedicado a reírse no significa que te rías cuando te cuente que mi abuela me llamaba tonto sin yo darme cuenta, eso no tiene gracia.

¡¡Deja de reírte, mal nacido!!

Afortunadamente sé reírme de mí mismo, con esto me garantizo siempre un motivo de diversión. De hecho, la filosofía bronza viene de esto, reírse de los propios fallos, reírse muchísimo más que con los de otros, y lo que es más sorprendente, querer compartirlo con todo el mundo. ¿Acaso hay algo mejor que esto? Por eso, cuando alguien intenta hacernos daño riéndose de nosotros, no nos afecta, porque ya nos hemos reído nosotros mucho antes y además mucho más fuerte.

Ríete cuando salgo de base sin comprar o cuando me mata Champy porque yo seguro estaré riéndome contigo.

Si es posible, se debe hace reír hasta a los muertos.
LEONARDO DA VINCI

HAY UN AMIGO EN MÍ

Hoy ha sido un día duro, pero, ¿qué vas a saber tú del trabajo duro si estás sentado en el sofá? Creo que no hay nadie que viva tan bien haciendo lo que tú haces, o sea..., nada.

Tu única preocupación es comer, cuanto más mejor, y dormir, sobre todo dormir, dieciocho horas al día si es posible, cuidado no vayas a cansarte, aunque cuando sales a la calle bien que corres, parece que te acabas de escapar de la cárcel. ¡Qué sinvergüenza estás hecho!

En el barrio ya te miran mal, como si fueras un extraterrestre, y hombre, tienen razón ya que muy normal no eres... Pero se te quiere, aunque te asustes con tu propio reflejo en las ventanas y te caigas rodando por las escaleras de lo rápido que a veces bajas. Parece que te gusta chocarte contra cosas y te subes a cualquier sitio como si fueses un mono, y hablando de monos... **¡qué mono eres!** Y hablo de belleza: no es que seas precioso, es más bien una belleza afrodisíaca, una belleza simpática, de tan gracioso eres guapo, ahí con tus dos ojos enfadados uno con el otro, solo se juntan cuando hay algo de comida entre ellos y en contadas ocasiones.

Siempre he pensado en lo necesario que eres para cualquier persona, y no hablo de ti personalmente, tú eres mío y de nadie más. Yo siempre he estado rodeado de bichos como tú, y la verdad que los tengo aún en mi corazón, me acuerdo del primero, el señor Balto (sí, el nombre viene de una película). Parecía el dueño de mi casa, con su gran melena adornando su cara. El cabrón cuando podía se escapaba de casa para dar una vuelta, pero no volvía. Tenías que ir tú a recogerlo donde quisiera que estuviese, aunque siempre solía ir por el mismo camino, casi siempre acompañado de su gran amigo Charly, pequeño pero matón, que pasaba siempre desapercibido pero se le quería también, al igual que a Linda, que como su propio nombre indica era bellísima, la típica que te encuentras en salones de bellezas ganando premios, ¿sabes? Lástima que una enfermedad se la tuviese que llevar tan pronto, no sabes lo que lloré al conocer su trágico final.

Aunque, bueno, luego llegó el señor Scooby y la pequeña Nena, la parejita más peculiar que hayas visto, tú creo que los conoces de la vez que fuimos en AVE a Alicante. Luego dicen que tú eres el extraño, ¡¿eh?! Eso es porque no han visto a estos dos, parecen ratas de campo, pero les echo mucho de menos, espero poder ir a visitarlos pronto y ya de paso también veo al loco de Carmelo, menuda cabra montesa, está como un cencerro, parece que no se le gastan las energías a ese tío, ¡¿eh?!

La verdad que sois únicos, Ryu, todos y cada uno de vosotros sois esenciales en mi vida y muchas veces pienso que sois como nosotros, y que de verdad no sabría qué hacer si algún día me faltáis, faltaría un pequeño hueco en la casa, abrir la puerta y ver que nadie sale a recibirme con tanta alegría es algo que espero que nunca llegue...

¡¿Y tú qué?! ¿No dices nada? ¡¿Se te ha comido la lengua el gato?!

Eres de pocas palabras, sinvergüenza, siempre acabo hablando solo y lo peor de todo es que le estoy agarrando el gusto.

Los animales son fiables, muchos llenos de amor,
veraces en sus afectos,
predecibles en sus acciones, agradecidos y leales.
Difícil modelo a seguir para las personas.
ALFRED A. MONTAPERT

RYU

QUERIDO JACKY
JOPUTA

Maldito seas, Jacky, con lo bien que estaba yo con las páginas en blanco, esperando a un lindo y majestuoso escritor para que me hiciese suyo, has venido tú a llenarme el cuerpo de letras y letras nada originales. Podría haber sido un libro interesante, con su historia profunda con una final apoteósico, lejos de la moda esta de los *youtubers,* y encima me toca el peor... ¡Me podría haber tocado el nuevo libro de Wigetta!

Podría haber tenido una vida larga y próspera como libro, un señor libro recordado pasados los años, un libro de lectura obligada en universidades, un libro del que se haga una película, parte de una legendaria trilogía nominada a los Oscar, un *bestseller,* joder —cómo mola la palabra bestseller—. Los libros así son héroes aquí, en el mundo de los libros.

Pero yo nunca llegaré a eso. ¿Quién le va a comprar el libro a este desgraciado con gorra? Nunca habitaré una estantería, **nunca.** Seguro que me usan de posavasos o para que no cojee una mesa. Me has jodido la infancia, Jacky, joputa, ¿ahora qué voy a hacer?

Además, ¿tú para qué te metes en estos *fregaos?* Tú que siempre has pasado de esta movida de los libros de *youtubers* ahora te vendes como cualquier otro, te vendes tú más que yo. **¡Te vendes a bajo coste!**

¿De verdad te hace falta todo esto? ¿Es por dinero? Si es por dinero podrías haber hecho un anuncio de Takis, esa crujiente y sabrosa patat... Uy, lo siento, es que en vidas pasadas fui propaganda, como ves no he tenido las mejores de las vidas.

Y cuando pensaba que esta etapa era la mía, que me había tocado libro, el *summum* de todos los papeles, ahora esto, ¡qué catástrofe! ¿¡Por qué, vida cruel!? **¡¿Por qué a mí?!**

Te lo digo de verdad, Jacky, estoy muy decepcionado contigo. Espero que alguien pare esto antes de que se publique, alguien con dos dedos de frente. De verdad..., ¿a quién has engañado para hacer esto? **No lo entiendo,** y puedes pensar que soy un libro *hater,* pero no, soy sincero y seguro que muchos de tus lectores están conmigo.

¡Quemad el libro en señal de protesta!

TU VECINO ES *YOUTUBER*

Uno de los principales peligros que sufre una persona fiel amante de su tranquilidad es uno del que pocos echan cuentas, uno cada vez más popular y casi siempre inevitable: el peligro de que tu vecino sea *youtuber.*

Primero tienes que ver dónde vives, ¿conoces a tus vecinos?, ¿hay una mudanza? **Alerta,** la palabra mudanza es síntoma de cambios y puede que, debido a las características de tu casa, esta sea el futuro cambio de un temido *youtuber.*

Primero: ¿fibra óptica?

Si no sabes lo que es esto te lo explicaré con dos palabras fáciles y sencillas: **droga cibernética.** Es una droga que buscan estos seres para subir y subir sus vídeos a Internet. Cuanto más rápida sea, mejor, y más posibilidades tienes de que te toque un ser de estos como vecino. Y eso tienes que impedirlo de cualquier manera.

Segundo: número de habitaciones y coste del alquiler

Esto es un gran problema, amigo, pero si no tienes fibra óptica es muy improbable que venga un grupo de *youtubers* a vivir pared con pared contigo. Sí, sí, has escuchado bien, es posible que vengan **en grupo.**

Los *youtubers* son unos tacaños. Si pueden ahorrarse un poco de dinero al mes, mejor que mejor, por eso buscan casas con 3 o 4 habitaciones para irse en grupo a vivir el sueño cibernético, y esto es un gran problema. Como te toque uno de estos grupos, date por muerto, entrarás en una guerra que no podrás ganar a menos que sigas los pasos que mencionaré más abajo.

Tercero: ¿dónde está tu casa?

Madrid, sí, sí. Madrid es La Meca de todo *youtuber.* Un *youtuber* no se muda de su ciudad de origen a Albacete o Zaragoza, **¡no! ellos se mudan a Madrid,** y si es en el centro, mejor. No se sabe la razón pero es así. Ahí o a Villalba, la maldita sierra, y eso sí que no tiene sentido.

Así que, si tu casa tiene fibra óptica, tiene un alquiler bajo con muchas habitaciones, está relativamente en el centro de Madrid y justo tu vecino se muda para no soportarte más, tienes un 99,99 % de posibilidades de que lleguen uno o varios *youtubers* para comentar su juego a grito pelado. Bueno..., aunque pensándolo bien, también tienes un 99,99 % de posibilidades de que tu hijo sea *youtuber,* pero eso es otro tema y esto lo puedes solucionar con una buena colleja o el típico, pero por ello no menos eficiente, **«te quito el cable del Internet».**

¿Qué hacer si esto llega a suceder?

Vale, ir a ver al *youtuber* a su casa para pedirle por las buenas que baje la voz es inútil, no sirve para nada. Tienes que actuar de forma tajante y que estos seres repulsivos no conozcan de tu existencia, eso es lo más importante.

1. Córtales Internet

Esto es muy efectivo, si no hay Internet no hay vida *youtuber.* Si le cortas el suministro de agua da igual, sobreviven, pero sin Internet no, y eso es algo que tienes que grabarte a fuego en la mente.

¿Cómo podemos cortarles Internet? Puedes ir al cuadro de telecomunicaciones y cortarle el cable con unas tijeras. Esto es efectivo pero no definitivo, ya que en horas vendrán de forma **exprés** los de la fibra óptica para volver a ponérsela correctamente, y entonces te preguntarás:

¿Cómo es posible que tarden horas cuando a mí me tardan semanas?

Ay, amigo... Tú no sabes con quién te estás enfrentando. Esta gente es experta en chantajes cibernéticos, con sus cuentas de Twitter pueden conseguir lo que quieran. Esto te puede servir una noche: si no te dejan dormir procede con el saboteo del cable y podrás dormir toda la noche sin problemas. Quizá escuches algún grito de desesperación de tus vecinos, pero oye, ahora son enemigos, desde el primer día que atentaron contra tu intimidad. **¡¡Que se jodan!!**

2. DDoS

Uy, amigo, esto se pone interesante. Ahora estamos a punto de entrar en una guerra campal, una guerra en la que quién sabe quién morirá antes. Estoy hablando de algo serio como es el DDoS.

¡Ah!, que no sabes lo que es el DDoS... Bueno, pues el DDoS es como un ataque de misiles al país vecino pero por Internet. Esto hará que su conexión se corte cada segundo y no puedan hacer nada. Pero claro, no es fácil, y muy probablemente tampoco barato. Lo mejor es que conozcas a un *hacker* que se encargue de putearles, que les haga explotar el ordenador, que su única solución sea escapar de la casa fugazmente y que tú te alces como vencedor indiscutible de esta guerra civil. Lo cual, no te voy a mentir, es muy improbable.

3. *Hazte* youtuber

Sí, amigo, has escuchado bien, si no puedes con tu enemigo, únete a él.

—*Pero si tengo cuarenta años, Jacky, y me he comprado este libro porque decían mis amigos que tenías la solución a este problema y lo único normal que me dices es que me haga* youtuber, *como ellos.*

No te preocupes por la edad, ahí está Chincheto para demostrar que no hay edad en esto de ser *youtuber.* Ponte una gorra *patrás* y cómprate el Minecraft. Lo tienes en tu mano, únete a nosotros.

Una cosa era cierta, maestro:
la negociación ha sido corta.
OBI-WAN KENOBI

DULCE DERROTA

Una veces se gana y otras se aprende. La derrota es para los perdedores y no puedes perder si sabes ganar siempre.

La cosa es saber administrar bien eso de la derrota. Nadie gana siempre, nadie se convierte en ganador ganando siempre. Es más, la experiencia me ha enseñado que perder a su debido tiempo es necesario. Si te confías, puedes llegar a perder bajo presión después de una buena racha y derrumbarte, para así encajar otras derrotas que en otras circunstancias hubieran sido victorias.

Por eso no te vengas abajo, aprende de cada fallo, intenta no volver a cometerlos en vez de echarle la culpa a otros, piensa qué podrías haber hecho para ganar y así habrás aprendido, no perdido. **Que sí, bronza, tú hazme caso a mí.**

Además, perder está en nuestro ADN. Sería demasiado aburrido ganar siempre, es como usar programas que te hacen más fuerte que el resto. ¿Cómo es posible que te enorgullezcas por ganar utilizándolos? Puede divertirte, eso puedo entenderlo, pero no puedes pensar que eres bueno o que la victoria sea justa. Es como si te regalan algo; no es lo mismo si te lo compras tú con tu trabajo y con tu esfuerzo, las cosas se valoran de manera diferente.

Si no haces esto que te digo, además de perder la partida habrás perdido algo peor: tiempo, ese valioso tiempo que pasa más rápido de lo que pensamos y créeme cuando te digo que no estamos para tirarlo. El tiempo es el valor de la gente: cuanto más valga tu tiempo, más vales. No lo tires sin sacarle algo positivo.

Algunos de los mejores momentos de la vida son errores.

BEN AFFLECK

NO TENGO TIEMPO PARA LEVANTARME

TIEMPO MUERTO

¿Y ahora te vienes quejando? Todo el tiempo pidiendo tiempo para que cuando se te concede lo uses de esta manera, tiempo muerto a tiempo real...

Quizá no has entendido nada de lo que he dicho pero tiene una explicación lógica, por lo menos en mi mente, y es que cuando necesitamos tiempo para hacer nuestras cosas y no lo tenemos, nos agobiamos e intentamos hacer lo que el tiempo nos permita, luchamos a muerte por intentar conseguir terminar, pero es que cuando por fin tenemos el tiempo necesario para terminar todo lo que tenemos pendiente con tranquilidad, en ese preciso momento no lo aprovechamos y nos volvemos a agobiar, incluso más que cuando teníamos poco tiempo. Es como si lo de no tener tiempo fuese una excusa mala y barata, sobre todo eso, barata.

¿Nunca os ha pasado que decís: «Bueno, en cinco minutos empiezo con mis tareas», y esos cinco minutos se van alargando hasta llegar a la línea roja que marca un «No hay tiempo» y el contador de la bomba empieza a descender rápidamente y a ti lo único que se te ocurre pensar es en una forma de escapar de ahí sin desactivarla, o por lo menos que cuando explote te pille lejos y evitar lesiones? Pues eso me pasa a mí. Cuando tenía que levantarme todos los días sin remedio para ir a trabajar, pensaba en que cuando pudiera levantarme cuando quisiera sería mucho más feliz, que aprovecharía toda la mañana para trabajar en lo que me gusta y sería más productivo.

Mentira.

Ahora que tengo la posibilidad de levantarme cuando quiera, me doy cuenta de lo necesaria que es una obligación, pero una obligación real o tal vez una motivación. Pero yo no soy ese tipo de personas, no soy nada fuerte en ese sentido, yo vagueo hasta que las circunstancias me comen, hasta que la bola está ya pisándome los talones y, muchas veces, no os voy a engañar, acabo pisado y tumbado por esa gran bola llamada «obligación».

Con lo fácil que sería levantarme prontito, ponerme un horario «sencillo», disfrutar de la vida que me ha tocado vivir, ya que me he tirado años para conseguirla, mucho esfuerzo detrás y muchas horas dedicadas a ello, y ahora que tengo la oportunidad de vivir como siempre quise, ¿ahora me voy a quedar en la cama porque es donde más a gusto se está? Dura decisión.

El día seguirá su curso, me levante o no.

Dedico muchas horas a mi trabajo, pero no os mentiría si os dijera que la mitad la paso perdiendo el tiempo, mirando vídeos, escuchando música, leyendo artículos, en las redes sociales, escribiendo un libro.

No me puedo quejar de que no tengo tiempo si cuando lo tengo lo malgasto, y es cuando estoy con el agua al cuello cuando intento sobrevivir y llegar al final sano y salvo. Corro por mi vida los últimos diez minutos cuando podría andar y disfrutar el paisaje hasta la meta final sin complicaciones, ¿estoy tonto? Así que, hazlo por mí, levántate de la cama y lucha por lo que quieres, por lo que quieres vivir, pero eso sí, cuando lo hayas conseguido no te quedes en la cama como yo, porque yo soy la pereza y la pereza es la muerte de cualquier sueño: yo puedo matar tus sueños, yo puedo acabar contigo.

Pierde un día por la mañana y estarás
todo el día a su caza.
RICHARD WHATELY

NO
TIME

EL LADO OSCURO
DE LA AMISTAD

Amigo mío, cuanto más arriba te tenía, más grande fue la hostia que me diste.

Yo, que estaba debajo de ti, orgulloso de ti, de tu integridad, del esfuerzo por hacer las cosas y las ganas de seguir avanzando por complicados caminos. Tú, que siempre fuiste ejemplo de humildad y de constancia, ¿qué te pasó?

Los amigos, como los teléfonos, pueden durarte toda la vida o romperse con el primer golpe contra el suelo.

Y esto puede deberse a varios factores, una serie de pecados que pueden atentar contra la amistad, pero eso no excusa a quien los comete, porque para mí la amistad tendría que respetarse como cualquier otra relación, con el mismo o incluso más valor que cualquier otra relación.

El amor suele joder relaciones, y no te hablo de novios o novias, que también. Yo te hablo del famoso término

«Pagafantas», eso que vuelve idiotas a los chicos generalmente (rara vez es a las chicas) y como parte de una secta son sometidos a un lavado de cerebro que les hacen actuar de una manera absurda, complaciendo a su «amiga» mientras ella estará con todos menos con él.

Claro, eso por supuesto, y no me agobies.

Pero claro lo primero es su amistad, que al parecer es mucho más valiosa que la nuestra de hace muchos más años. Claro, hay prioridades, dos grandes prioridades para ser exactos.

Estos «amigos» volverán a ti más solos que la una, buscando un apoyo después de todo, para que les digáis lo mala persona que es la chica a la que dedicó su tiempo y su dinero. Pero no, a mí que no me vengan, porque el primer y único causante de todo esto es él mismo. Espero que a tus próximos amigos no los vendas tan baratos.

Otra razón es la decepción personal, esos amigos que hacen algo que no esperabas, algo que cambia tus planes con esa persona y que en muchos casos es irrevocable y es que manda cojones que te toquen como amigos personas con tanta caradura, me da vergüenza haber confiado en cada una de las personas de este tipo alguna vez. Joder, ya me he cabreado, yo que venía aquí a hablar de las buenas amistades y antes hablo de lo malo. Y es que a quién vamos a engañar, siempre nos afecta más lo malo que lo bueno, lo peor siempre tiene una intensidad más grande, supongo.

¿Sabes lo más triste de la traición?
Que nunca viene de un enemigo.

POR TI, POR MÍ Y POR TODOS MIS COMPAÑEROS

Hoy quiero hacer un brindis, quiero levantar mi copa por la gente de verdad, por esos amigos fosforescentes que se nota que están de verdad cuando todo se oscurece, por todos aquellos que dan una visión diferente y que no buscan amigos sin defectos, ya que esa gente está condenada a la soledad más terrible.

Los amigos son la familia que escoges, los que darán la cara por ti cuando tú no estés, con los que te pelearás mil veces para así poder reconciliarte mil y una. Los amigos verdaderos se reirán de tus chistes malos y llorarán tus problemas sin importancia.

Yo personalmente me alegro de haber conocido a cada uno de mis amigos, aunque con muchos de ellos ya ni me hable diariamente. Forjaron lo que soy ahora y por eso les estaré eternamente agradecido. Es importante rodearte de buenas personas. Mis amigos de hecho son muy diferentes unos de otros y por supuesto de mí mismo. Tener amigos que piensen igual que tú es una tontería, ¿para qué quieres a alguien que te diga lo que tú ya piensas? La verdadera magia está en las diferencias, en los puntos de vista diferentes. Gracias a esto podrás ver el mundo desde unos ojos diferentes y créeme que es fundamental hacerlo.

Por eso quiero brindar por todos mis amigos de verdad, esos pocos que se diferencian del resto de colegas o gente con la que convivimos cada día. ¿Qué nombre se te viene a la cabeza al pensar en la palabra «amigo»?, ¿o en la palabra «amistad»? A mí me viene **Jacobo,** un amigo que todo el mundo querría tener. Es capaz de matarse con quien sea para que tú no estés triste. Me viene **Henry Caffarena,** la música hecha persona, la voz de mis pensamientos, mi compañero de grupo, *HIT IT never die.* Me vienen **Niels** y **Thor,** la cordura, la locura, la ambición y la voz de la victoria, unos ejemplos a seguir. Me viene el gran **Antho,** sinceridad y pasión, búscale si quieres una opinión sincera.

Fieles amigos como **Flipin, Diablo, Raquel, David, Winghaven, Petruska, Artillero** y **Nacho,** y mis primos **Carlos, Óscar** y **Borja,** gente que han sido, son y serán grandes compañeros. ¿Sabes lo malo de escribir sobre amigos? Que siempre se te olvida uno, nunca falla.

Y para terminar, me viene **Rouz,** mi mejor amiga y dueña de mi tiempo, sobran palabras cuando hay tanto sentimiento.

Pocos y buenos amigos, yo no valgo nada sin vosotros.

Yo tengo amor sagrado como la Biblia,
hermanos que son amigos y amigos que son familia.
SHARIF

LUCES Y SOMBRAS

DISLIKE

Menudo castigo, el azote de los suscriptores, el indeseado y repudiado *dislike*.

Muchos han caído en las garras de este botón, un demonio con el pulgar hacia abajo que juzga tu trabajo como malo. No hay razón aparente, no sabes su procedencia, pero siempre hay, siempre habrá y, por supuesto, siempre hubo.

Podemos decir que cuanto más grande es la luz de tu vídeo más grande es su sombra y a esta sombra se le puede llamar *dislike.*

¿Por qué asusta tanto la sombra? Hay quien tiene miedo a su oscuridad y esto ha acabado con canales que a mi parecer no eran malos. Este botón cambia a las personas, cambia su trabajo, algo que no debería de poder hacer. Para gustos, los colores y para vídeos, personas. No pretendas gustar a todo el mundo o que todos tus vídeos gusten a una única persona, eso es imposible.

¿Sabes a qué tengo miedo yo? No tengo miedo a un *dislike,* dado por mil razones diferentes. Yo tengo miedo a esa gente que pasa por tu vídeo y se va sin clasificarlo, que ni se molestó en darte su opinión y que probablemente no vuelvan a tu canal nunca más. Eso es lo que sí que da miedo, pero miedo de verdad.

¿Qué más da que un par de *haters* se tomen su tiempo para valorar negativamente tu vídeo? Siempre hay un tanto por ciento al que debemos ignorar, igual que a los comentarios destructivos y tóxicos. Pero, ¿por qué no quieres saber nada de esos *dislikes* provenientes de gente a la que **de verdad** no le gustó tu vídeo? Pero si eso es la base de todo canal: tener un público que te dice a la cara lo que está bien y lo que a su juicio está mal, y lo más seguro es que a la mayoría le encante el vídeo. Es inevitable y necesario que sea a partes iguales. ¿De qué sirve que subas lo que subas tus millones de fans te digan lo bien que lo has hecho? A mí personalmente me parece una mierda y prefiero mil veces que me digan a tiempo lo mal que lo hice, ya que desde nuestra propia visión nos saltamos cosas indispensables, pequeños detalles que es posible que solo a nosotros nos gusten o entendamos. Un buen ejemplo serían los «chistes locales», que vienen siendo las bromas entre amigos y que solo vosotros entendéis. Es como si uno de México me cuenta una broma de una cosa que pasa en su país, pues obviamente solo lo entenderán los de ese país. Pues en YouTube pasa igual.

Y si te acribillan tus vídeos diariamente con críticas es porque quizá, y solo quizá, no sea lo tuyo eso de subir vídeos. Aunque también hay gente que busca los *dislikes,* que se crecen con ellos, que su misión principal es crear odio en la gente; de esos pasamos, no nos sirven para nada.

La gente te pondrá *dislike* por auténticas chorradas, créeme: que si no has saludado como siempre, que si la música del final del vídeo es diferente, etc. Pero son cosas que realmente molestan mucho, ¡aunque el vídeo esté genial!

Y te pondrá un castigo como un profesor:

—*Jacky, este vídeo no me gustó mucho, espero que lo mejores, hoy te llevas un* dislike.

¡Zasca!

Por eso mismo, no sufras, nadie ha conseguido el vídeo perfecto, ni los gatitos o las obras benéficas lo han logrado, no hay ningún vídeo que sea popular sin *dislikes* porque no existe el vídeo que le guste a todo el mundo.

Nadie puede hacerlo todo siempre mal,
no existe tal perfección.
JOHN SEYMOUR

REFLEXIÓN NOCTURNA (1)

Estoy en ese momento de la noche perfecto para escribir esto: en la cama, con mi perro ocupando gran parte de ella y yo dando cabezadas a punto de dormirme. Es tarde, el reloj marca las 3:15. Últimamente me acuesto muy tarde y me despierto aún más, pero ahora es el único momento para escribir sobre esto, y lo voy a hacer. Lo más seguro es que tenga que cortar el capítulo por haberme quedado dormido. Te prometo que si eso ocurre lo notarás.

Hablemos de dormir, hablemos de sueños, de soñar, de esa extraña sensación que sientes antes de dormir. ¿Cuándo ocurre ese instante en que pasas de estar despierto a estar dormido?, ¿en qué minuto? ¿Nos metemos tanto en nuestros pensamientos que entramos en trance? La verdad es que son preguntas estúpidas que seguro que tienen una explicación científica, pero a lo que voy es: ¿cuándo disfrutas de verdad de los sueños, cuando los imaginas, cuando los necesitas y los creas por primera vez o cuando los cumples? ¿En ese instante antes de que alguien te despierte o quizá cuando vuelves a engancharte con un sueño que creías haber perdido y que estaba muy interesante? Quizá lo mejor de un sueño sea despertarse...

¿Eres de los que se levantan siempre a la misma hora, sea cual sea la hora a la que te hayas acostado? ¿O tienes que ponerte tres despertadores para intentar abrir los pesados párpados? Al final acabas odiando la música de tu despertador, esto sí que está demostrado con estudios. Qué tontería, ¿no?, gastarse dinero para saber si la gente odia la música de su despertador... Y otra cosa, ¿cómo hacían antes cuando no había tecnología ni despertadores para despertarse a una determinada hora? Muchos de vosotros diréis que el famoso kikirikí del gallo, pero eso es una tontería. Primero, no todo el mundo tiene un gallo, es algo que tienes que saber y no puedes seguir viviendo engañado. Y segundo, tengo entendido que los gallos cantan a una hora determinada... Aunque no os lo creáis acabo de buscar a qué hora cantan los gallos y hay estudios que dicen que lo hacen dos horas antes del amanecer, pero ¿cómo coño saben eso los gallos? Más abajo pone lo siguiente:

> Kristen Navara, una especialista en hormonas en aves de corral en la Universidad de Georgia en Athens, dijo que no está segura de por qué no se ha tomado una mirada más cercana a este fenómeno antes.

Vamos a ver, **Kristen, cariño mío,** pero ¿qué trabajo es ese? Especialista en hormonas en aves de corral. ¿Qué te puede impulsar a estudiar semejante tontería? Con perdón a todos los especialistas de hormonas en aves de corral que estén leyendo este libro. En fin, que nos desviamos del tema, pero ya os dije que este capítulo iba a ser una reflexión nocturna hasta que el cuerpo aguante, quizá hasta haga otro así más adelante.

Volviendo al asunto, ¿cómo lo hacían antes para despertarse por la mañana sin gallo? Damos por hecho que no todo el mundo tiene esa extraña habilidad de despertarse como un reloj a la misma hora, pues esto sí que lo sé. Llamadme loco pero hace unos años me explicaron que la gente en el pasado (sin tecnología) usaba el agua como despertador: antes de dormir se tomaban tal cantidad de agua que por la mañana, al entrarles ganas de mear, se despertaban. No es coña, no sé si es cierto pero tiene todo el sentido del mundo: si bebes agua antes de irte a dormir, ten por seguro que te despertarás prontito para ir al servicio. ¡Qué cosas tiene la vida, ¿eh?!

Y otra pregunta que se me viene ahora a la mente: ¿no podríamos nosotros despertarnos un día sin abrir los ojos? ¿Y por qué te despiertas de un sueño cuando vas a morir (en el sueño) o estás a punto de estamparte o cayendo desde lo alto? Son cosas que yo me planteo ahora,

antes de dormir,

y repito que seguro que hay una ciencia que estudia los sueños y el comportamiento humano en las distintas situaciones. Si hay una especialista en hormonas de aves de corral, me lo creo todo.

Creo que lo voy a dejar por hoy, tengo más cosas de las que hablar pero ya me pican los ojos y estoy dando cabezazos violentos contra el teclado. ¿Con qué soñaré hoy? No sé, pero en el próximo capítulo de reflexión nocturna te lo diré.

Buenas noches.

Cerrando los ojos, se apaga el universo, pequeño telón para escenario tan inmenso.

XHELAZZ

GUÍA DE SUPERVIVENCIA *YOUTUBER*

Te voy a plantear algo que muy poca gente ha planteado en la historia de la humanidad, algo que creo que se me ha ocurrido a mí por primera vez, fíjate lo que te digo.

Si tuvieses que ir a una isla desierta, ¿qué cosas esenciales te llevarías?

¡¿Increíble, eh?! ¡Cómo veo la vida, cómo le doy vueltas para llegar a este tipo de preguntas que pueden hacer que te replantees tu vida y existencia! ¿Qué me llevaría a una isla desierta?, no sé tú, pero yo me llevaría una pistola de gran calibre, una Magnum con una única bala.

—¿Pero para qué te vas a llevar una pistola con una bala a una isla desierta? ¿Tú estás loco?

Para volarme la cabeza en cuanto llegue allí, ¿tú sabes lo aburrido que sería vivir solo en una isla desierta? Quizá no has escuchado bien... **desierta,** que no hay nada de nada. Yo paso, que me lleve la vida, me voy con Jesús y los ángeles al cielo..., o al infierno, no sé, donde Zeus quiera.

Esta cuestión me hizo pensar en otra cosa y es por la que estoy escribiendo todo esto, no es para rellenar, ¿eh?

¿Qué se llevaría un *youtuber* a una casa nueva de la que no podrá salir **jamás?** Su misión es hacer vídeos hasta llegar a los diez millones de suscriptores. Una vez llegue, y solamente así, podrá salir.

Qué dilema, ¿no?

Aquí va mi lista de cosas que necesitaría en ese caso, dando por hecho que haya Internet:

Cámara de vídeo: Es posible que se rompa antes de llegar a los diez millones, pero si quiero acercarme a esa cifra necesito hacer mucho el payaso en vídeo, cuanto más mejor. (Y una Go Pro, que te viene con los 100.000 suscriptores, como todo el mundo sabe).

Ordenador con Internet: Es fundamental para todo aquel que quiera hacer vídeos para YouTube, con dos pantallas, ¿eh? No hacía falta ponerlo pero lo dejo por aquí por si las moscas.

Mesa y silla *Gaming*: Lo de la silla es fundamental, tened en cuenta que vamos a estar encerrados mucho tiempo, necesitamos estar a gusto en nuestro nuevo hogar, y la mesa... bueno, en algún lado habrá que poner el ordenador, en el suelo no lo veo.

A mi madre: No hace falta decir el porqué.

Focos: Quizá allí no hay, así que un par de focos nunca vienen mal para iluminar. ¿Y si es una cueva? Vamos preparados.

Un micrófono: Cuanto más gordo y con forma de extintor, mejor.

Creo que con esto es suficiente, no es necesario mucho más para llegar a los diez millones de suscriptores, simplemente habría que pensar qué hacer para llegar a esa escalofriante cifra.

TÍTULO

SUBTÍTULO

Capítulo dedicado a esos días en los que no quieres hacer nada..., y ya estoy escribiendo mucho.

E-SPORTS

Este mundo nunca dejará de sorprenderme... Hace un tiempo, me embarqué en un proyecto de deportes electrónicos. Para quien no sepa del tema, lo resumiré brevemente:

Los e-Sports, o deportes electrónicos, son competiciones de videojuegos por Internet.

Hay desde juegos por equipos, como el LOL, Cod o CS:GO, hasta individuales, como el FIFA o HS.

Esto cada día es más grande, la gente acude a estadios a ver cómo su equipo favorito se enfrenta a otro desde cualquier parte del mundo, los estadios se llenan, las retransmisiones vía Internet alcanzan audiencias desorbitadas, los equipos se profesionalizan, tienen sus jugadores, sus entrenadores, psicólogos, directores deportivos, etc. Todo como si fuese un deporte más y, de hecho, para muchos lo es. Todo crece, pero, como ocurre a menudo en España, vamos un poco por detrás; en países como Corea o en América del Norte, los e-Sports se toman con mucha más seriedad, patrocinadores grandes dan su apoyo y todo fluye de manera increíble. Aunque aún falta y todo inicio es difícil, todo esto es algo muy nuevo y no mucha gente sabe que existe, pero

os lo aseguro... existe y es muy popular.

Yo quería aportar mi granito de arena, sabía que con mi repercusión mediática y mi *fanbase* sería capaz de crear un club que diese que hablar y que, sobre todo, hiciese las cosas bien. Yo, a diferencia de otros que formaron sus propios equipos con sus fans detrás, no soy jugador; mis buenos amigos xPeke y Ocelote organizaron sus equipos para jugar en ellos, aunque ahora ambos estén en la dirección. Yo no tenía ni idea de cómo iba este mundo, sabía que quería hacerlo, pero desconocía cómo...

Entonces, tras varios tropiezos, empecé a tomármelo más en serio. Constituí una empresa para que todo fuese completamente legal, me puse en manos de gente que controlaba —como Raquel— y empezamos a trabajar duro para traer dinero al club. Eso es lo más importante:

¡el dichoso dinero!

Tened en cuenta que los jugadores no suelen cobrar, la gran mayoría está invirtiendo todo su tiempo por un «ya veremos». Y luego están los que hacen ambas cosas, pero cobran una miseria, porque si no llegas con tu equipo a niveles internacionales no puedes vivir de esto. Pero no importa, para eso estamos aquí, rompiéndonos los cuernos con la intención de que esto salga adelante y haya empresas que confíen en nuestros jugadores y, sobre todo, en nuestro club, para invertir y que todos salgamos ganando. Desde luego, es muy complicado.

Al final me hice con un grupo de jugadores que tenían ganas y entusiasmo para ganar cualquier cosa. Después de muchas contraofertas de otros equipos, algún que otro jugador abandonó el club —esto es como en el fútbol, pero sin cláusulas millonarias..., la verdad es que no es tan profesional como me gustaría—, pero pese a todo eso hicimos un buen grupo y conseguimos clasificarnos para la Final Cup, que sería algo así como el torneo de temporada, donde se elige al mejor equipo de España y que será el representante en Europa.

Y no os miento si os confieso que viví una experiencia increíble esos tres días, despertó en mí un fuego que ningún otro deporte había logrado, ni tampoco los otros equipos a los que sigo. Tanta gente apoyando cada jugada, desde todas partes del mundo, en frente de miles de personas también... Fue increíble, de verdad..., esos momentos de tensión que pueden dejarte fuera de la competición o hacerte avanzar a semifinales. Y que este mismo sentimiento se repita en una gran semifinal a la que nunca imaginé llegar. Cuando vas perdiendo y remontas en contra de todo pronóstico, un grupo de chicos que como una pequeña familia se planta en la gran final y da la cara por un club que yo creé y en el que mucha gente confía..., saltar al escenario con mis chicos y celebrar triunfos como ningún otro club... Nos ha costado llegar donde hemos llegado y esto acaba de empezar.

Tristemente, perdimos esa ansiada final, pero la motivación y el gran papel que hicimos fueron dignos de admiración.

Les debo mucho a los jugadores que hicieron posible esta experiencia y, estén donde estén ahora, les doy un gran abrazo y lo vuelvo a decir:

GRACIAS

CooLife es una gran familia. Gracias a todos los que trabajan conmigo. Sin ellos esto no sería posible. Gracias, igualmente, a toda la gente que celebra cada triunfo y lamenta cada derrota. Muchas gracias, papá y mamá, por vivirlo conmigo.

CI EL GI!! CI EL GI!!

REFLEXIÓN NOCTURNA (2)

¡Eh!, hola, ¿cómo estás? Yo aquí, un día más, digo... un capítulo más, otra reflexión nocturna con la que voy a deleitarte.

Hace varios capítulos, te prometí contar el sueño que tuve cuando terminara aquel capítulo. Si no sabes de qué te hablo es que te has saltado la primera reflexión nocturna. Hazme un favor y visita la página 153 antes de continuar.

Es difícil acordarse de los sueños. ¿No te pasa que nada más despertarte recuerdas a grandes rasgos lo que pasó y a medida que pasan los minutos se va borrando hasta que hace «pum», explota, desaparece de tu mente como una fecha de caducidad? Yo me he llegado a agobiar por presenciar cómo olvido algo sin querer, es una sensación muy rara y asquerosa. Pero aquella mañana tenía el portátil abierto por el capítulo que acababa de escribir y por eso me acordé de redactar el sueño paso por paso, o lo que quedaba de él en mi mente, malditas bombas de sueños.

De hecho, y antes de que se me olvide comentarlo, desde que escribí aquella reflexión han pasado tres días y en los tres días he tenido pesadillas. Era un dato curioso que quería transmitir y pedir perdón por si es un virus psicológico que te afectará está noche cuando duermas. Lo siento. Dicho esto vamos con el sueño.

El sueño trataba de que me venían a robar a casa, y yo por arte de magia me llevaba todas mis cosas a otra casa. Esa nueva casa se parece bastante a la mía de ahora, por lo que puede que represente la mudanza que hice hace poco. Ahora que lo recuerdo, uno de mis principales miedos en aquella casa era que entraran a robar. No sabéis lo importante que es sentirse seguro, quizá por esa razón soñé eso. Pero bueno, esto no termina aquí, en esta nueva casa, situada en una especie de urbanización de montaña, con pinos y una carretera de tierra típica americana, vi cómo de lejos venía gente armada, no sé muy bien por qué, pero subían por la carretera e iban casa por casa arrasando. A mí no me daba tiempo a recoger nada de casa y me tenía que ir con mi familia afuera. La siguiente imagen que tengo es yo entrando otra vez a la casa, una vez pasaron por ella, y para mi sorpresa estaba toda esa gente montando una fiesta en mi buhardilla. Habían desordenado todo, pero no habían signos de robo, de hecho, ¡me uní a la fiesta! Pero lo que más me preocupaba era mi nuevo micro, no sé la razón; es verdad que llevo ahorrando año y medio para comprármelo, puede que por eso me preocupara tanto. Luego el sueño terminaba con toda esta gente abandonando mi casa. FIN.

Es extraño, pero si te pones a pensar encuentras el motivo de tus sueños y las pesadillas no dejan de ser preocupaciones de tu día a día. Dicen que en los sueños no inventas caras, que todos los rostros que aparecen son personas con las que te has cruzado alguna vez y que tu subconsciente ha guardado por alguna razón.

¡Qué miedo!, ¿no?

Porque cuando sueñas con personas malas que te hacen daño, esas personas las has visto alguna vez..., quizá una y otra no tengan relación; espero, de hecho, que no la tengan.

También quería comentar algo que también me pasa mientras duermo y es hablar, hablar mientras duermo o levantarme (esto me pasaba cuando era pequeño), lo que comúnmente se llama sonambulismo. Pero mi sonambulismo es bastante raro, solo me ocurre cuando estoy en una cama nueva o cuando me duermo viendo una película. Como siempre digo, seguro que hay una explicación científica para esto pero me gusta vivir con mis preguntas sin respuesta. ¡Uy!, se me había escapado un xD, ¡cuánto daño está haciendo Internet xD!

Pues por ser sonámbulo he llegado a hacer cosas absurdas como salir de mi casa e ir a la oficina de mi padre (que estaba al lado de mi casa) a dejar allí las llaves del garaje o cualquier otra cosa, o ir a mear a la papelera, ¡Dios, qué vergüenza! Aunque ahora es gracioso... También me pasa y esto si que me parece de un acojone terrible, es estar medio dormido y medio despierto. He llegado a ver a la chica del casino de media noche o la teletienda hablándome y yo escondiéndome detrás de una silla para que no me viese, y a los segundos cobrar consciencia y preguntarme: **¿qué coño estoy haciendo?**

Es como si soñases despierto. Es una cosa muy rara y espero no ser al único al que le pasa, espero y deseo que no. O estar durmiendo y contestar a tu madre algo absurdo y sin relación con la pregunta, para luego pensar y decir: ¿por qué le he dicho eso? ¿Seguro que os ha pasado? ¿A que sí, Folagor? ¿Qué tal tu sonido de piano?

En fin, no quiero alargar mucho esta reflexión nocturna pero es que hoy no tengo sueño y no me voy a poner a contar ovejas, qué estupidez, ¿no? ¿Funciona de verdad? ¿En qué oveja te has quedado? Prometo que hoy voy a contar ovejas para dormirme, a ver qué saco en claro.

Espero que os haya gustado este capítulo. *Like,* favoritos y suscríbete si no lo estás. **¡Hasta luego!**

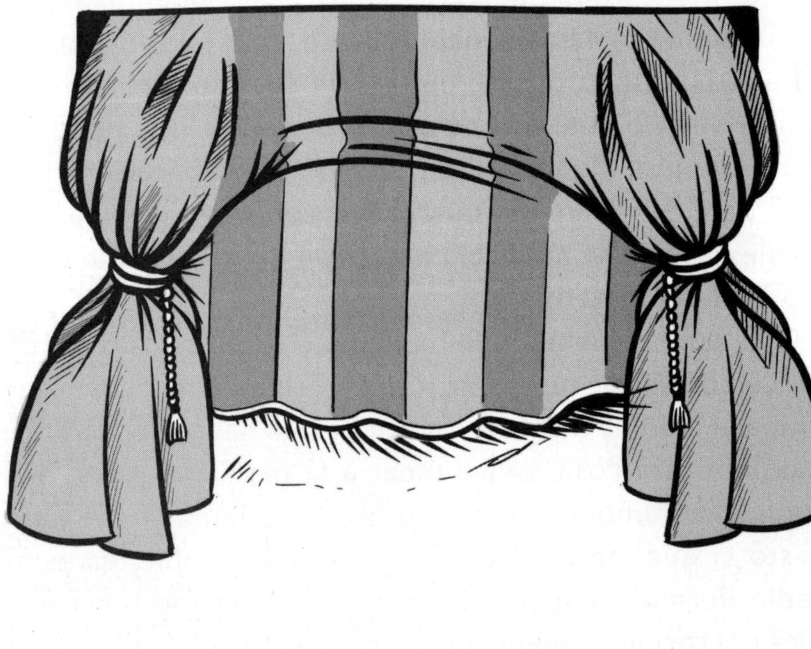

TODO COMIENZO TIENE SU ENCANTO

Empezar a subir vídeos no fue fácil, no sabía cómo hacerlo, pero lo que sí que sabía es que hacer humor de primeras era una mala idea, la peor de todas, ya que el humor es algo muy difícil de hacer, nunca sabes hacia dónde va a tirar la gente, o reír contigo o abuchear. La línea es tan delgada que yo sentí un miedo terrible, necesitaba una base fiel de seguidores que me apoyara en mis primeros fracasos intentando hacer humor y por eso mismo empecé a subir guías de campeones y así ir formando una base. Muchos no se acordarán de estos vídeos, ya que fueron mis inicios precarios en YouTube. Aunque para ser los primeros vídeos no iban mal de visitas y suscriptores en general. La verdad que me sorprendió la de gente que podía ver aquellos vídeos tan mal grabados y editados, en muchos de ellos solo se escuchaban por un audífono.

¿Tú sabes lo incomodo que es escuchar algo solamente por un lado? Podías volverte loco y cerrar el vídeo dejando tu *dislike* y la certeza de no volver más a ver esas guías. Por suerte para mí, muchos de los que me veían tenían altavoces y se disimulaba un poco, solo un poco.

Pero aprendí poco a poco a editar mis vídeos, a darles buena calidad y soltarme un poco para ser más natural. Eso es lo más importante, la experiencia detrás de una cámara y un micro, la experiencia hace que seas tu mejor tú, que seas lo que eres en realidad, ni más ni menos. El tiempo saca lo mejor y lo peor de la gente y yo ya llevo más de tres años. Y aunque muchos digan lo contrario, sé que no he cambiado mi forma de pensar; aunque haya cometido errores, he llegado hasta aquí tal cual yo quería, aprovechando mis pocas oportunidades de avanzar en este mundillo sin perjudicar a nadie ni aprovecharme. No sé si lo he dicho alguna vez pero

mis vídeos no se los pasaba ni a mis amigos, empecé totalmente solo y sin ayuda de nadie, y aquí estoy...

Y, bueno, cuando tuve ya 3.000 suscriptores, subí mis primeros vídeos de humor, fallé mucho hasta dar con la tecla, eso que se me daba bien y le estoy dando forma desde entonces. Además, el LOL es un juego muy complicado para hacer humor y muchas veces puedes pecar de «infantil» pero, bueno, es la magia de cada vídeo. Lo más importante es pasarlo bien, ya lo sabéis.

Cuando empecé tenía claro que no iba a parar hasta poder trabajar de esto, que cada día YouTube tendría una parte de mí y vosotros también, por supuesto.

Demasiado tarde para verlo como un hobby.
RAYDEN

HE TERMINADO CAMBIANDO

Estamos llegando al final de este libro y no se tú pero yo noto que he cambiado. ¿Cómo es posible que sienta esto si solo ha pasado un año desde que empecé?

Creo que viene ligado a la experiencia que he adquirido durante el transcurso del mismo. Es como cuando juegas por primera vez a un videojuego y te dan paliza tras paliza, pero, a medida que vas jugando y jugando, vas aprendiendo, vas cambiando.

Adquieres experiencia en cualquier cosa que haces y escribir no iba a ser menos, y de hecho muchos de los capítulos han sido levemente modificados para terminar siendo como los ves ahora. Lo único claro que tenía del libro desde antes de empezar fue el título. «Jugando a ser famoso» es de lejos una de las experiencias que más me han hecho madurar, tanto en la escritura como en mi vida en general, pero sobre todo en la escritura; he cambiado, lo noto.

Al final este libro va a tener una diversidad de capítulos muy grande, empecé contando mis cosas de YouTube y he acabado contando lo que me ha salido del corazón (o de otras partes más íntimas), sin ataduras ni nadie detrás diciendo: **Eso no Jacky, eso no vende.** Me alegro de poder llegar aquí y que llegues conmigo, un pequeño capítulo de reflexión no viene mal, ¿no?

Tomémonos un respiro antes de encarar la recta final de este libro. Algunos se entristecerán porque esto ya acaba (pocos) pero esta es la misión de toda historia, terminar. Pero ya sabes eso que dicen de que cuando algo termina, algo nuevo empieza. Además, terminar es bueno, coño, quiere decir que has empezado una aventura y lo que es más importante: **la has completado.**

Entonces, no quiero ver caras tristes que aquí hemos venido a pasarlo bien, ¿recuerdas?

Si no quieres que algo termine, no permitas que comience.

EDGAR LÓPEZ VARGAS

ELLOS

Ellos te acosarán cuando vean que estás luchando por lo que quieres, porque estás dedicando las horas necesarias para lograrlo, incluso muchas más; **ellos** únicamente se dedicarán a torturarte, a reírse de ti, a llamarte idiota por el simple hecho de actuar de manera diferente a la del resto. Pero eso no tiene que preocuparte, tú no eres el problema, el problema lo tienen **ellos** y eso sí que da pena..., pero pena de la gorda, ya que en unos años ellos tendrán que ingeniárselas para llegar a fin de mes con alguna ayuda del Estado o de su mamá y lo más seguro es que te atiendan en un restaurante de comida rápida. Ahí es cuando se preocuparán por tus sueños, que años atrás intentaron chafar. En ese momento sus ojos serán distintos, y la vida les habrá devuelto un tortazo de realidad, un golpe mucho más doloroso del que en su día ellos te dieron a ti.

Por eso, no temas..., nadie va a vivir tu vida, solo tú. Aunque muchos querrán que seas como ellos, porque a ningún mediocre le gusta verse superado por los que están a su alrededor; solo quieren ser líderes para tapar su carencia de autoestima. **Ellos,** ante su incapacidad de avanzar, intentan que otros no avancen, y ten claro que nunca llegarás al cielo empujando a otros hacia el suelo. Ese día tú no tendrás que hacer absolutamente nada, tú ya has ganado, y ellos solos se torturarán y en muchas ocasiones intentarán arreglar los errores del pasado o, lo que es más triste, harán como si nada hubiese pasado, como si aquellos años de tortura emocional se hubiesen olvidado con el tiempo, por arte de magia. De verdad que lo piensan.

Cuando no hay ningún superhéroe que pueda salvarte de esa situación, tú mismo tienes que armarte con una capa y un antifaz: tú debes de ser el superhéroe de tu vida. Nunca hagas algo incorrecto, algo que no quieras, solo por hacer amigos. **Ellos** solo tienen miedo a lo que tú puedes hacer, son cobardes, simple y llanamente cobardes.

Olvida su miedo, su intimidación, su cobardía, olvídate de ellos.

BULLYING

GRACIAS POR TODO, *HATERS*

No sé cómo agradecer vuestra existencia. De hecho no creo que nunca llegue a recompensaros por toda vuestra ayuda desinteresada. Vosotros, los *haters,* sois los responsables de todos mis éxitos, gracias a vosotros sé cuáles son mis principales virtudes y defectos, y mis errores a corregir. De verdad, muchas gracias.

Por eso no quería dejar pasar la oportunidad de dedicaros un capítulo de este libro, que seguro más de uno comprará, pero no se lo dirá a nadie. Será nuestro pequeño secreto. Tranquilo, sé que en el fondo vosotros sois buenos fans, estáis en cada vídeo que subo, los primeros para dejar vuestro comentario que a nadie importa y vuestro agradecido *dislike.* Pero, ¿sabes qué? A mí me importa, cuando veas que tu vida no le importa a nadie, piensa que a mí, sí. Y por esa razón te pido que nunca lo dejes, hazlo por mí, por favor, continúa, sigue siendo la principal fuente de publicidad de mi persona, sigue compartiendo mis creaciones con todos tus amigos, sigue así para que nadie se olvide de que existo.

Como ves, eres más importante de lo que crees y por todo ello...

¡gracias!

No olvides que aquí hay una persona que entiende por qué haces las cosas, que le importas y que te necesita. No te preocupes por tu vida, eso ya pasó a segundo plano, ahora lo más importante es la mía.

La gente valiente me ama, porque odiarme es demasiado fácil. Y cuanto más gente cobarde me odie, más gente valiente se arriesga a amarme. Por eso, gracias por todo el odio. Os lo devolveré en forma de grandes éxitos, que es lo que de verdad os gusta de mí. Os lo debo.

Aunque algunos se empeñen en que pierda,
sé que mis fans me harán grande
y mis haters *me harán leyenda.*
NACH

CARTA A MIS EDITORAS

No os voy a engañar, esto de hacer un libro no es tan fácil como parece, no es por escribir cada una de las palabras, ni por hacer creer que las escribo yo, es por las cosas que te dejan o no poner, y parte de esta culpa la tienen mis editoras; por ello les envío esta carta.

Ana, Alicia, os quiero mucho, pero aquí va la lista de quejas:

- No puedo abusar de la palabra «pene». Esto no me ha gustado y para la próxima me gustaría que lo reconsiderarais. Podríamos ponerlo de título de libro, sería una cosa genial. Sería la polla.

- Me han dado la vuelta a la L y la F de «CooLife» en la portada, alegando que la gente no sabría que soy yo, CooLife. Venga ya, ¿es una broma? Me gustaría que lo vieseis y me dijerais si de verdad no se lee perfectamente.

- ~~No me han dejado publicar esta carta en el libro.~~

- Quería poner el libro numerado con porcentajes y en un principio me dijeron que sí, pero tras cada reunión con estas dos bellísimas personas me lo omitían hasta llegar a un punto en que piensan que se me olvidó. **Jamás, jamás se me olvidó.** Pienso ejecutar mi plan del tanto por ciento en el siguiente libro que escriba.

- No me dejan escribir otro libro.

- Sé dónde viven y dónde trabajan. Lo de arriba saben que no es prácticamente imposible, el *Libro del gran Pene* está cerca de ser una realidad. (O el *Gran libro del Pene,* como se quiera).

- Me acosaban por *mail* para que terminase de escribir los temas, incluso me amenazaron con publicar medio libro en blanco si no lo terminaba. Pensé que sería gracioso, pero luego se me pasó.

- Querían mandarme a un redactor a casa, yo hablaba mientras él escribía, dando a entender que obviamente yo solo no podría escribir..., como soy bronza, ¿verdad? Me sentí **insultado.** Me vengaré.

- Me han subido la luminosidad de la portada, decían que era muy oscura. **¡Coño,** pues claro, era como lo quería, oscura...! Tendría que haberla dejado en negro, hubiese sido mi obra maestra.

- No me dejan poner Timo, sí, el tejón de Lig uf Leggins, por copyright... Ingenuas, ¿ahora qué? **Ahora nadie puede pararme si escribo Darío o Luisín. He ganado esta guerra.**

- Decían que no era posible hacer un capítulo del revés, ¿cómo que no?

- No me han dejado poner un capítulo en alemán copiado del traductor de Google.

Mit, wie schön es ist ein Text in Deutsch ist, dank Google Translator

Cuando la gente critica o se queja,
es que de algún modo
han tocado algún nervio en ellos.
MADONNA

EL FINAL

Y llegamos al final de la historia. Después de tantas palabras he conseguido completar esta locura llamada *Jugando a ser famoso.* He intentado jugar pero con los pies en la tierra, ya que hacer un libro para mí es una cosa seria. Mucha gente está luchando cada día para triunfar en este arte, para que sus libros sean leídos; esa gente tiene verdadero potencial y sería una falta de respeto no intentar hacer algo de calidad. Sé que ni con esas lograremos estar a la altura.

Quizá no soy el mejor escritor del mundo, pero gracias a la ayuda de mis editoras he podido acabar este libro, escribiendo como un cabrón, y perdonadme la expresión, pero no quería hacer esto por hacer, no quería llenarlo de dibujos y gastar mi nombre en algo que ni yo mismo valoro. He intentado que lo que predominara fueran mis palabras y acompañarlas de unas ilustraciones increíbles que

Rouz ha hecho exclusivamente para este libro. Ella se ha volcado en este proyecto igual o más que yo y por eso sé que no pasará como un libro muerto por delante de quien se gastó su dinero en comprarlo. Ese fue nuestro verdadero reto.

Muchas gracias a todos los que nos habéis acompañado en esta aventura loca, espero que os haya sacado una sonrisa este cuadernillo de tonterías y reflexiones. Muchas gracias de corazón por todo vuestro amor, temo el día que me falte. Gracias a mis editoras de nuevo, Alicia y Ana, por tener una paciencia enorme con nosotros. Hemos fallado en todas las fechas de entrega pero era porque queríamos que esto saliese perfecto. Gracias a mis padres por ilusionarse y ser críticos con cada capítulo, más que nosotros mismos, y a mi querida hermana, no existe persona más auténtica que tú.

Esto no es un capítulo de agradecimientos, pero si por mí fuese, estas personas estarían en todas las páginas de este libro, son increíbles.

De igual manera, aprovecharé el poco dinero recaudado en este libro para invertirlo en alguna asociación interesante ligada a este arte o a algún proyecto ambicioso; de todo ello seréis informados en su momento.

Hemos llegado al final y no hay un gran RaidBoss esperando en el campo de batalla ni una última frase que dé a entender que habrá una segunda parte. Este final no corresponde al típico final épico que toda historia merece, yo me conformo con haber logrado mi objetivo durante todo el trayecto: enseñar, divertir e ilusionar. Si he conseguido alguna de esas tres cosas me doy por satisfecho.

Odio los libros que no tienen un final, esos que terminan con el capítulo como si fuese a venir otro después y no, al final no viene nada, ¿por qué? ¿Por qué hacéis eso? Aunque sea un libro como este, merece un final digno, un final donde te despidas del lector, y donde le dices de primera mano que se acabó, que todos los buenos momentos quedaron atrás y lamentablemente no hay una vuelta de tuerca de última hora, una explicación lógica a todo lo contado anteriormente...

Lamentablemente, no hay nada de eso y tampoco sé muy bien cómo terminar.

A fin de cuentas, todo es un chiste.
CHARLES CHAPLIN